CHRONICA

SLAVORUM

INCIPIUNT CRONICA SLAVORUM EDITA A VENERABILI HELMOLDO PRESBITERO.

Reverendis dominis ac patribus sanctae Lubecensis ecclesiae canonicis Helmoldus, ecclesiae quae est in Buzu indignus servus, debitae obedientiae voluntariam exhibitionem.

Retractavi in longa meditatione, quid operis acceptarem, quo matri meae, sanctae Lubecensi ecclesiae, aliquem famulatus mei honorem impenderem, sed nichil aptius occurrit animo, quam ut ad laudem ipsius scribam conversionem Slavicae gentis, quorum scilicet regum sive predicatorum industria Christiana religio his in partibus primum plantata et postmodo restaurata fuerit. Hortatur me ad id studium scriptorum, qui ante nos sunt, imitabilis devotio, quorum plerique propter magnum scribendi studium omnibus negotiorum tumultibus renuntiarunt, ut in secreto contemplationis otio invenire possent viam sapientiae, preferentes eam auro obryzo et cunctis opibus preciosis; qui etiam extendentes aciem ingenii ad invisibilia Dei et ipsis arcanis approximare cupientes plerumque supra vires laborare nisi sunt. Alii autem, quorum conatus non fuit tanti, consistentes in suae dispositionis meta, auxerunt et ipsi de simplicitate sua arcana scripturarum, multaque ab ipsa constitutione mundi de regibus et prophetis et variis bellorum eventibus commentantes, super virtutibus laudem, vitiis vero detestationem suis preconiis addiderunt. In huius enim seculi tenebrosa caligine, si desit lucerna scripturarum, ceca sunt omnia. Arguenda igitur est modernorum insolentia, qui de abysso iudiciorum Dei multa sicut olim ita et nunc emanare videntes obturaverunt venas eloquentiae suae, aversi in lubricas huius vitae vanitates. Ego autem in eorum laudem, qui Slavorum provinciam diversis etatibus manu, lingua,

III

plerique etiam in sanguinis effusione illustrarunt, operis huius paginam dicandam arbitror, quorum gloria non erit obstruenda silentio, quia post excidium Aldenburgensis ecclesiae Lubecensium inclitam civitatem Domino favente ad hunc decoris apicem provexerunt, ut inter omnes Slavorum opinatissimas civitates haec iam caput extulerit tam rerum opulentia quam religione divina. Porro aliis omissis quae nostra etate gesta sunt, quae aut longevis viris referentibus percepi aut oculata cognitione didici, statui Domino propicio cum fide perscribere, tanto sane effusius, quanto uberius suppeditat scribenda gestarum nostro tempore rerum magnitudo. Nec ad hoc opus temeritas impulsat, sed preceptoris mei venerabilis Geroldi episcopi adduxit persuasio, qui primus Lubecensem ecclesiam fecit insignem cathedra simul et clero.

LIBER I
INCIPIUNT CRONICA SLAVORUM EDITA A VENERABILI HELMOLDO PRESBITERO

De distinctione Slavorum. Capitulum I.

Operae precium existimo in conscriptionis huius introitu aliqua de Slavorum provinciis, natura, moribus hystorico prelibare compendio, quantis scilicet ante conversionis gratiam errorum nexibus impliciti fuerint, ut per quantitatem morbi facilius agnoscatur efficacia divini remedii. Slavorum igitur populi multi sunt habitantes in litore Balthici maris. Sinus huius maris ab occidentali occeano orientem versus porrigitur. Appellatur ideo Balthicus, eo quod in modum balthei longo tractu per Schiticas regiones tendatur usque in Greciam, idemque mare barbarum seu pelagus Schiticum vocatur a gentibus, quas alluit, barbaris. Hoc mare multae circumsedent naciones. Dani siquidem ac Sueones, quos Northmannos vocamus, septentrionale litus et omnes in eo continent insulas. At litus australe Slavorum incolunt nationes, quorum ab oriente primi sunt Ruci, deinde Polani, habentes a septentrione Pruzos, ab austro Boemos et eos qui dicuntur Marahi sive Karinthi atque Sorabi. Quod si adieceris Ungariam in partem Slavaniae, ut quidam volunt, quia nec habitu nec lingua discrepat, eo usque latitudo Slavicae linguae succrescit, ut pene careat estimatione.

Omnes hee naciones preter Pruzos Christianitatis titulo decorantur. Diu enim est ex quo Rucia credidit. Rucia autem vocatur a Danis Ostrogard, eo quod in oriente positus omnibus abundet bonis. Haec etiam Chunigard dicitur, eo quod ibi sedes Hunorum primo fuerit. Huius

V

metropolis civitas est Chue. Quibus autem doctoribus ad fidem venerint, minime compertum habeo, nisi quod in omnibus observantiis suis Grecos magis quam Latinos imitari videntur. Nam Rucenum mare brevi [spatio] in Greciam transmittit.

Pruci necdum lumen fidei cognoverunt, [tamen sunt] homines multis naturalibus bonis prediti, humanissimi erga necessitatem pacientes, qui etiam obviam tendunt his qui in mari periclitantur vel qui a piratis infestantur et subveniunt eis. Aurum et argentum pro minimo ducunt, pellibus habundant peregrinis, quarum odor letiferum nostro orbi superbiae venenum propinavit; et illi quidem uti stercora haec habent, ad nostram credo dampnationem, qui ad marturinam vestem anhelamus quasi ad summam beatitudinem. Itaque pro laneis indumentis, quos nos appellamus faldones, illi offerunt tam preciosos martures. Multa poterant dici de hoc populo laudabilia in moribus, si haberent solam fidem Christi, cuius predicatores inmaniter persecuntur. Apud illos martyrio coronatus est illustris Boemiae episcopus Adelbertus. Usque hodie profecto inter illos, cum cetera omnia communia sint cum nostris, solus prohibetur accessus lucorum et fontium, quos autumant pollui Christianorum accessu. Carnes iumentorum pro cibo sumunt, quorum lacte vel cruore utuntur in potu, ita ut inebriari dicantur. Homines hii cerulei, facie rubea et criniti. Preterea inaccessi paludibus, nullum inter se dominum pati volunt.

Ungarica gens validissima quondam et in armis strennua, ipsi etiam Romano imperio formidolosa. Nam post Hunorum atque Danorum strages tercia Ungarorum desevit irruptio, omnia finitima regna vastans atque collidens. Collecto enim inmenso exercitu bellica manu omni Bawaria sive Suevia potiti sunt. Preterea loca Reno contigua depopulati sunt; Saxoniam quoque usque ad occeanum Britannicum igne atque cruore compleverunt. Quantis autem imperatorum laboribus et Christiani exercitus dispendio subnervati fuerint et divinis legibus subacti, multorum habet noticia et publicae locuntur hystoriae. Charinthi confines sunt Bawaris, homines divino cultui dediti, nec est ulla gens honestior et in cultu Dei et sacerdotum veneratione devocior.

Boemia habet regem et viros bellicosos, plena est ecclesiis et religione divina. In duos disterminatur episcopatus, Pragensem et Olomucensem.

Polonia magna Slavorum provincia, cuius terminum in Ruciae regnum dicunt connecti, et dividitur in octo episcopatus; quondam habuit regem, nunc autem ducibus gubernatur; servit et ipsa sicut Boemia sub tributo imperatoriae maiestati. Est autem Polonis atque Boemis eadem armorum facies et bellandi consuetudo. Quociens enim ad externa bella vocantur, fortes quidem sunt in congressu, sed in rapinis et mortibus crudelissimi; non monasteriis, non ecclesiis aut cimiteriis parcunt. Sed nec alia ratione extraneis bellis implicantur, nisi condicionibus admissis, ut substantiae, quas sacrorum locorum tuicio vallaverit, direptionibus publicentur. Unde etiam contingit, ut propter aviditatem predarum amicissimis sepe abutantur ut hostibus, ob quod rarissime ad quaslibet bellorum necessitates asciscuntur. Haec de Boemis atque Polonis et ceteris orientalibus Slavis dicta sufficiant.

De civitate Vinneta. Capitulum II.

Ubi igitur Polonia finem facit, pervenitur ad amplissimam Slavorum provinciam, eorum qui antiquitus Wandali, nunc autem Winithi sive Winuli appellantur. Horum primi sunt Pomerani, quorum sedes portenduntur usque ad Odoram. Est autem Odora ditissimus amnis Slavicae regionis et oritur in profundissimo saltu Marahorum, qui sunt ab oriente Boemiae, ubi et Albia sortitur principium. Nec longis ab invicem distant spaciis, sed diverso currunt meatu. Albia enim in occasum ruens primo impetu Boemos alluit cum Sorabis, medio cursu Slavos dirimit a Saxonibus, novissimo Hammemburgensem parrochiam dividens a Bremensi victor occeanum ingreditur Britannicum. Alter fluvius, id est Odora, vergens in boream transit per medios Winulorum populos, dividens Pomeranos a Wilzis. In cuius ostio, qua Balthicum alluit pelagus, quondam fuit nobilissima civitas Iumneta, prestans celeberrimam stacionem barbaris et Grecis, qui sunt in circuitu. De cuius preconio urbis, quia magna quaedam et vix credibilia recitantur, libet aliqua commemorare digna relatu. Fuit sane maxima omnium, quas Europa claudit, civitatum, quam incolunt Slavi cum aliis gentibus permixtis, Grecis et barbaris. Nam et advenae Saxones parem cohabitandi licentiam acceperunt, si tantum Christianitatis titulum ibi commorantes non publicassent. Omnes enim usque ad excidium eiusdem urbis paganicis ritibus oberrarunt, ceterum moribus et hospitalitate nulla gens honestior aut benignior potuit inveniri. Civitas illa mercibus omnium nacionum locuples nichil non habuit iocundi aut rari. Hanc civitatem opulentissimam quidam Danorum rex maxima classe stipatus funditus evertisse refertur. Presto sunt adhuc antiquae illius civitatis monimenta. Ibi cernitur Neptunus triplicis naturae: tribus enim fretis alluitur illa insula, quorum aiunt unum esse viridissimae speciei, alterum subalbidae, tercium motu furibundo perpetuis sevit tempestatibus. Sunt et alii Slavorum populi, qui inter Odoram et Albiam degunt longoque sinu ad austrum portenduntur, sicut Heruli vel Heveldi, qui sunt iuxta Habolam fluvium et Doxam, Leubuzi et Wilini, Stoderani cum multis aliis. Post Odorae igitur lenem meatum et varios Pomeranorum populos ad occidentalem plagam occurrit Winulorum provincia, eorum qui Tholenzi sive Redarii dicuntur; civitas eorum vulgatissima Rethre, sedes ydolatriae. Templum ibi magnum constructum demonibus, quorum princeps est Redegast. Simulachrum eius auro, lectus eius ostro paratus. Civitas ipsa novem habet portas undique lacu profundo inclusas, pons ligneus transitum prebet, per quem tantum sacrificantibus aut responsa petentibus via conceditur. Deinde venitur ad Cyrcipanos et Kycinos, quos a Tholenzis et Rederis separat flumen Panis et civitas Dimine. Kycini et Circipani cis Panim, Tholenzi et Redari trans Panim habitant. Hii quatuor populi a fortitudine Wilzi sive Lutici appellantur. Ultra illos sunt Linguones et Warnavi. Hos secuntur Obotriti, civitas eorum Mikilinburg. Inde versus nos Polabi, civitas eorum Racisburg. Inde transitur fluvius Travena in nostram Wagirensem provinciam. Civitas huius provinciae quondam fuit Aldenburg maritima. Sunt et insulae Balthici maris, quae incoluntur a Slavis, quarum una Vemere vocatur. Haec opposita est Wairis, ita ut videri possit [ab] Aldenburg. Altera insula, longe maior, est contra Wilzos posita, quam incolunt Rani, qui et Rugiani, gens fortissima Slavorum, qui soli habent regem, extra quorum sententiam nichil agi de publicis rebus fas est, adeo metuuntur propter familiaritatem deorum vel pocius demonum, quos maiori pre ceteris cultura venerantur. Hii igitur sunt Winulorum populi diffusi per regiones et provincias et insulas maris. Omne hoc hominum genus ydolatriae cultui deditum, vagum semper et mobile, piraticas exercentes predas, ex una parte Danis, ex altera Saxonibus infestum. Sepius igitur multisque modis magnorum imperatorum atque sacerdotum sollertia temptatum est, si gentes istae

IX

rebelles et incredulae possent aliquatenus ad agnicionem divini nominis et credulitatis gratiam adduci.

Quomodo Karolus Saxones ad fidem convertit. III.

Inter omnes ergo strennuos Christianae fidei propagatores, qui pro fidei suae merito laudabilem adepti sunt principatum, gloriosissimus semper elucet Karolus, vir omnium scriptorum preconiis attollendus et in fronte statuendus eorum, qui pro Deo in partibus aquilonis laboraverunt. Ipse enim Saxonum gentem ferocissimam atque rebellem ferro perdomuit et Christianis legibus subegit. Saxones autem vel Thuringi itemque ceterae quae iuxta Renum sunt nationes ex antiquo Francis tributariae leguntur. Quibus deinde a regno eorum deficientibus Pipinus, genitor Karoli, bellum intulit, quod tamen filius maiore felicitate peregit. Longo igitur tempore bellum adversus Saxones profligatum est, quod magna utrimque animositate, tamen maiori Saxonum quam Francorum dampno per continuos triginta tres annos gerebatur. Poterat siquidem cicius finiri, si Saxonum hoc pertinacia pateretur, qui libertatem armis tueri malentes Francorum terminos usque ad Renum vastabant. Nullis itaque fere annis a bello vacantibus, tandem Saxones ita profligati leguntur, ut ex hiis qui utrasque ripas Albiae incolunt decem milia hominum cum mulieribus et parvulis in Franciam translati sint. Et hic annus est diuturni Saxonum belli tricesimus tercius, quem Francorum hystorici ponunt memorabilem, scilicet Karoli imperatoris tricesimum septimum, quo Widekindus incentor rebellionis deposita tyrannide, imperio subiectus est baptizatusque est ipse cum aliis Saxonum magnatibus; et tunc demum Saxonia in provinciam redacta est. Hac itaque in bellis victoria potitus fortissimus Karolus non in se, sed in domino Deo exercituum confisus est, fortia gesta sua gratiae ipsius

X

adiumentis attribuens. Qui etiam magna usus industria Saxonum populos, licet male meritos, statuit supernae mercedis intuitu omni debito censu absolvere atque pristinae libertati condonare, ne forte serviciis aut tributis pregravati ad rebellionis necessitatem et paganismi errores impellerentur. Porro ea condicio a rege proposita et ab ipsis suscepta est, ut abiecto demonum cultu Christianae fidei sacramenta susciperent essentque tributarii et sublegales domini Dei, omnium iumentorum suorum et fructuum culturae seu nutriturae suae [decimas] sacerdotibus legaliter offerentes et Francis adunati unus cum eis populus efficerentur. Divisa est igitur Saxonia in octo episcopatus et dignissimis pastoribus subiecta, qui ad imbuendas rudes in fide animas verbo et exemplo sufficerent. Quibus etiam huius vitae stipendia memoratus Cesar multo honore, plena denique munificentia providit. Perfectum est igitur in Saxonia novellae plantationis opus et pleno vigore constabilitum. Sed et Fresonum agrestes ipso tempore receperunt Christianae fidei gratiam. Ex tunc igitur preparatum est iter predicatoribus verbi Dei trans Albiam, ieruntque angeli veloces annuntiare ewangelium pacis in universam latitudinem aquilonis. Quo tempore, cum Slavorum quoque gentes Francorum imperio subicerentur, fertur Karolus Hammemburg civitatem Nordalbingorum, constructa ibidem ecclesia, Heridago cuidam sancto viro, quem loci episcopum designavit, regendam commisisse, proponens eandem Hammemburgensem ecclesiam cunctis Slavorum Danorumque gentibus metropolim statuere. In qua re ad perfectum ducenda et mors Heridagi presbiteri et occupacio bellorum Karolum imperatorem, ne desiderata compleret, prepedivit. Idem enim victoriosissimus princeps, qui omnia regna Europae subegerat, novissimum cum Danis bellum suscepisse narratur. Nam Dani et ceteri qui trans Daniam sunt populi ab hystoricis

Francorum Northmanni vocantur. Quorum rex Godefridus, iam antea Fresis, itemque Nordalbingis, Obotritis et aliis Slavorum populis tributo subactis, ipsi Karolo bellum minatus est. Haec dissensio maxime voluntatem imperatoris de Hammemburg retardavit. Tandem extincto celitus Godefrido Hemming ei successit, patruelis eius, qui mox pacem cum imperatore faciens Egdoram fluvium accepit regni terminum. Nec multo post Karolus presenti vita decessit, vir tam in divinis quam in humanis rebus probatissimus primusque, qui de Francorum regno ad imperium meruit provehi. Nam cesarea dignitas, quae post Constantinum in Grecia, urbe scilicet Constantinopoli, multis etatibus laudabiliter viguit, deficientibus inibi regalis prosapiae viris, adeo concidisse dinoscitur, ut res publica, cui in primitivo vigore insimul tres consules vel dictatores aut certe cesares vix sufficiebant, muliebri tandem condicione gubernaretur. Consurgentibus igitur undique adversus imperium rebellibus, cum omnia pene Europae regna ab imperio defecissent, ipsa quoque mater orbis Roma finitimis bellis attereretur, nec esset defensor, placuit apostolicae sedi sollempne sanctorum adunari concilium et de generali necessitate commune participare consilium. Omnium ergo votis, omnium laudatione insignis Francorum rex Karolus corona Romani imperii sublimatus est, eo quod ipse fidei merito et potestatis gloria nec non etiam bellorum victoriis neminem in orbe videretur habere consortem; atque in hunc modum cesareum nomen de Grecia translatum est in Franciam.

De divisione regni. Capitulum IIII.

Postquam igitur Karolus Francorum rex et Romanorum imperator augustus cum magno bonorum fructu ad celos emigravit, Loduicus filius eius ei successit in regnum. Qui paternis per omnia votis concordans eadem

XII

liberalitate, qua pater eius, erga cultum domus Dei et omnem clerum usus est, amplissimas regni divicias ad decorem et gloriam ecclesiae intorquens, in tantum ut episcopos, qui propter animarum regimen principes sunt celi, ipse eosdem nichilominus principes efficeret regni. Hic ubi super Hammemburg patris sui comperit votum, communicato statim sapientum consilio sanctissimum virum Anscarium, quem etiam aliquando ad Danos et Suedos predicatorem direxerat, Hammemburgensi ecclesiae ordinari fecit archiepiscopum, statuens eandem civitatem metropolim universis borealibus populis, ut legatio verbi Dei exinde uberius pullularet in omnes barbaras naciones. Quod et factum est. Nam Hammemburgensis ecclesiae pontificum instantia disseminatum est verbum Dei in omnes Slavorum, Danorum sive Northmannorum populos et dissolutum est gelidum illud frigus aquilonis a calore verbi Dei. Multis itaque diebus sive annis maximisque doctorum laboribus in gentibus his desudatum est; tanta enim fuit opacitas errorum et difficultas silvescentis ydolatriae, ut nec subito nec facile potuisset evinci. Sed et bellorum variae tempestates post obitum piissimi Loduici latius emergentes vocacionem gentium non modice retardaverunt. Illo siquidem ex hac luce subtracto orta sunt intestina bella, quatuor scilicet filiis eius propter principatum contendentibus. Multa itaque inter fratres orta est discordia bellumque maximum, in quo, ut hystorici testantur, omnes Francorum gentes consumptae sunt. Tandem mediante papa Sergio discordia sedata est, regnumque divisum est in quatuor partes, ita ut Lotharius maior natu cum Italia Romam, Lotharingiam cum Burgundia possideret, Loduicus Renum cum Germania, Karolus Galliam, Pipinus Aquitaniam.

De profectione sancti Anscarii in Suecia. V. capitulum.

Ea igitur tempestate, qua germana discordia maximos bellorum motus et diminucionem scisso imperio parturivit, multos ad rebellionem oportunitas temporis adduxit. Inter quos primi vel precipui Danorum populi, viribus et armis prepotentes, prius quidem Slavos, itemque Fresones tributis subiciunt, dehinc classe piratica per Renum subvecti Coloniam obsederunt, per Albiam Hammemburg funditus exciderunt. Inclita civitas et recens ecclesiae structura tota incendio disperiit, quin et Nordalbingorum provincia et quicquid flumini contiguum fuit barbarorum direptionibus cessit. Saxonia magno terrore concussa est. Sanctus autem Anscarius Hammemburgensis archiepiscopus et ceteri predicatores in Slaviam sive in Daniam destinati magno persecutionis fervore sedibus suis pulsi sunt et usquequaque dispersi. Loduicus igitur, cui Germaniam cessisse supra dictum est, glorioso genitori suo nomine et pietate per omnia similis, defectum Hammemburgensis ecclesiae taliter resarcire studuit, ut Bremensis sedes, quae tunc defuncto pastore vacabat, Hammemburgensi ecclesiae adiceretur, essentque de cetero non duae parrochiae, sed una. Quia enim utraque civitas propter piratarum incursus plena fuit periculis, utile fuit unam alterius ope levari atque foveri mutuo. Accepto igitur super hac re apostolicae sedis mandato ad effectum perducta sunt omnia, quae fuerant animo pii principis digesta. Unitaque est ecclesia Bremensis Hammemburgensi, et recepit sanctus Anscarius utramque regendam, factumque est unum ovile et unus pastor. Post non multum vero temporis, furore Danorum aliquantulum sopito, ceperunt reedificari diruta Hammemburgensis urbis, et Nordalbingorum populi ad proprias sedes reversi sunt. Pontifex quoque Anscarius cesaris legacione functus regem Danorum frequenter adiit, ubi pro commodis utriusque regni et pacis stabilitate strennue agens multam apud regem, licet gentilem, familiaritatis gratiam pro fidei suae reverentia consecutus est. Cui etiam [rex] facultatem attribuit ecclesiam statuendi in Sleswich et Ripe, prebita prius licentia, ne quis volentes baptizari et Christianis legibus uti prepediret. Nec mora, sacerdotes ad hec explenda directi sunt. Procedentibus itaque sensim divinae gratiae incrementis in gente Danorum cepit memoratus pontifex magno desiderio assurgere ad Sueonum conversionem. Hoc iter arduum per se ipsum aggressus petiit litteras et nuntium regis Danorum, profectusque cum multis navali itinere pervenit ad Byrcam principalem Suediae civitatem. Ubi multo favore et leticia exceptus est fidelium, quos ipse quondam ante pontificatus honorem illo predicator directus Christo acquisierat, obtinuitque apud regem, ut volentibus Christianitatis assumere titulum libera pateret facultas. Dato ergo in Suedia episcopo et sacerdotibus, qui vice sua divinas res et populi salutem curarent, et singulos ad fidei perseverantiam adortatus, reversus est ad propriam sedem. Ab eo igitur tempore iactum semen verbi Dei in populis Danorum atque Sueonum uberius fructificare cepit. Quamvis enim in eisdem gentibus multi postmodum tiranni surrexerint, qui crudelitatem suam non solum in Christicolas suae gentis, sed etiam in exteras naciones extenderint, datur tamen intelligi Christianitatis titulum post primum fundacionis suae tempus in Dania sive Suedia eo usque convaluisse, ut, et si persecucionum procellis impellentibus aliquando titubaverit, numquam tamen penitus exciderit.

De conversione Ruianorum. Capitulum VI.

Inter omnes autem borealium nacionum populos sola Slavorum provincia remansit ceteris durior atque ad

XV

credendum tardior. Sunt autem multi, ut supra dictum est, Slavorum populi, quorum hii qui dicuntur Winuli sive Winithi magna ex parte respiciunt Hammemburgensem parrochiam. Nam preter honorem metropolitanae sedis, qua omnes naciones sive regna complectitur aquilonis, habet utique Hammemburgensis ecclesia prescriptos terminos suae parrochiae, ultimam scilicet partem Saxoniae, quae est trans Albiam et dicitur Nordalbingia, continens tres populos, Thethmarcos, Holsatos, Sturmarios. Inde extenduntur termini ad Winithos, eos scilicet qui dicuntur Wagiri, Obotriti, Kycini, Circipani, et usque ad flumen Panim et urbem Dimin. Ibi est limes Hammemburgensis parrochiae. Non caret igitur admiracione, quod dignissimi presules et ewangelici predicatores, Anscarius, Reimbertus et sextus in ordine Unni, quorum in conversione gentium ingens claruit studium, Slavorum curam tantopere dissimulaverint, ut nec per se nec per ministros aliquem in eis fructum fecisse legantur. Effecit hoc, ut estimo, populi huius invincibilis duricia, non autem predicatorum torpor, quibus animus circa vocationem gentium adeo fuit affectus, ut nec opibus nec vitae pepercerint. Tradit enim veterum antiqua relacio, quod temporibus Loduici secundi egressi fuerint de Corbeia monachi sanctitate insignes, qui Slavorum salutem sitientes impenderunt se ipsos ad subeunda pericula et mortes pro legacione verbi Dei. Peragratisque multis Slavorum provinciis pervenerunt ad eos qui dicuntur Rani sive Rugiani et habitant in corde maris. Ibi fomes est errorum et sedes ydolatriae. Predicantes itaque verbum Dei cum omni fiducia omnem illam insulam lucrati sunt, ubi etiam oratorium fundaverunt in honorem domini ac salvatoris nostri Iesu Christi et in commemoracionem sancti Viti, qui est patronus Corbeiae. Postquam autem, permittente Deo mutatis rebus, Rani a fide defecerunt, statim pulsis sacerdotibus atque Christicolis religionem verterunt in supersticionem. Nam sanctum Vitum, quem nos martirem ac servum Christi confitemur, ipsi pro Deo venerantur, creaturam anteponentes creatori. Nec est aliqua barbaries sub celo, quae Christicolas ac sacerdotes magis exorreat; solo nomine sancti Viti gloriantur, cui etiam templum et simulachrum amplissimo cultu dedicaverunt, illi primatum deitatis specialiter attribuentes. De omnibus quoque provinciis Slavorum illic responsa petuntur et sacrificiorum exhibentur annuae soluciones. Sed nec mercatoribus, qui forte ad illas sedes appulerint, patet ulla facultas vendendi vel emendi, nisi prius de mercibus suis deo ipsorum preciosa quaeque libaverint, et tunc demum mercimonia foro publicantur. Flaminem suum non minus quam regem venerantur. Ab eo igitur tempore, quo primo fidei renuntiaverunt, haec supersticio apud Ranos perseverat usque in hodiernum diem.

Persecucio Northmannorum. Capitulum VII.

Sane populis Slavorum et ceteris gentibus fide imbuendis grave ab inicio prebuit irritamentum ea bellorum tempestas, quae Northmannis tumultuantibus in toto pene desevit orbe. Porro Northmannorum exercitus collectivus fuit de fortissimis Danorum, Sueonum, Norveorum, qui tunc forte sub uno principatu constituti primo omnium Slavos, qui pre manibus erant, miserunt sub tributum, deinde cetera finitima regna terra marique vexabant. Quibus profecto non parum addiderat virium ea Romani imperii diminutio, qua, ut supra dictum est, post tempora senioris Loduici prius quidem intestinis est bellis exhaustum, postea in quatuor divisum portiones totidem gubernabatur regulis. Constat igitur ipso tempore Northmannos per Ligerim Thuronis succendisse, per Sequanam Parisios obsedisse, Karolum regem timore

XVII

compulsum terram eis dedisse ad habitandum, quae a Northmannis possessa Northmandiae nomen accepit. Deinde Lotharingia vastata et subacta est Fresia. Noster autem Loduicus, rex scilicet Germaniae, Northmannos federibus sive preliis hoc modo retinuit, ut, cum Franciam totam vastaverint, regnum eius vel minime nocuerint. Post cuius mortem effera barbaries laxis regnabat habenis.

Nam Boemi, Surabi, Susi et ceteri Slavi, quos ipse tributis subiecerat, tunc servitutis iugum excusserunt. Tunc etiam Saxonia vastata est a Northmannis sive Danis, Bruno dux occisus cum duodecim comitibus, Theodericus et Marquardus episcopi obtruncati. Tunc Fresia depopulata, Traiectum civitas excisa. Tunc piratae Coloniam et Treveros incenderunt, Aquisgrani palacium stabulum equis suis fecerunt. Mogontia propter metum barbarorum instaurari cepit. Karolus adolescens, filius Loduici ipso tempore Roma rediens cum grandi exercitu Northmannos iuxta Mosam fluvium apprehendit. Quos obsidione coartans quintodecimo tandem die ad deditionem compulit. Captos igitur tyrannos Danorum non ea qua decuit hostes Dei severitate ultus est, sed ad diutinam deiectionem et gravem ecclesiae ruinam parcens impiis, accepto ab eis iureiurando et federis condicione, amplissime donatos a se abire permisit. At illi regis adolescentis inertiam irridentes, ubi noxia libertate potiti sunt, rursum in unum conglobati tantas strages dederunt, ut crudelitas modum excesserit. Quid multa? Urbes cum civibus, episcopi cum toto grege simul obruti sunt, ecclesiae illustres cum fidelium caterva simul incensae sunt. Quam ob rem Karolus accusatus in curia et ob stulticiam regno depositus Arnulfum germani sui filium accepit successorem. Qui congregato exercitu fines adiit Danorum eosque multis gravibusque preliis ad internicionem usque delevit.

Bellum celitus administratum est, siquidem centum milibus paganorum prostratis in bello vix unus de Christianis cecidisse repertus est. Et ita extincta est persecucio Northmannorum, Domino vindicante sanguinem servorum suorum, qui iam per annos septuaginta effusus est. Haec autem acta sunt tempore Adelgarii archiepiscopi, qui fuit successor beati Reimberti et tercius a beato Anscario. Defuncto Adelgario successit ei Hogerus in cathedram, post hunc Reinwardus. In regum quoque successione post Arnulfum regnavit Loduicus puer. In isto Loduico Magni Karoli finitur prosapia. Hic postmodum regno depositus Conradum Francorum ducem habuit successorem.

Irruptio Ungarorum. Capitulum VIII.

Itaque regnante Conrado orta est Ungarorum gravis irruptio, qui non solum nostram Saxoniam aliasque cis Renum provincias, verum etiam trans Renum Lotharingiam et Franciam demoliti sunt. Tunc incensis ecclesiis cruces a barbaris truncatae et ludibrio habitae, sacerdotes ante altaria trucidati, clerus vulgo mixtus aut interfectus aut in captivitatem ductus. Cuius signa furoris ad nostram duraverunt etatem. Dani quoque Slavos auxilio habentes, primo Nordalbingos, deinde Transalbianos Saxones vastantes, magno Saxoniam terrore quassabant. Apud Danos eo tempore Worm regnavit, crudelissimus, inquam, vermis et Christianis non mediocriter infestus. Ille Christianitatem quae in Dania fuit prorsus demolire molitus sacerdotes a finibus suis depulit, plurimos etiam per tormenta necavit. At vero Heinricus rex, filius Conradi, iam tunc a puero timens Deum et in eius misericordia omnem ponens fiduciam, Ungaros quidem maximis preliis triumphavit, Boemos et Surabos ab aliis regibus edomitos et ceteros Slavorum populos uno grandi prelio ita percussit, ut ceteri, qui perpauci remanserant, et regi tributum et Deo Christianitatem ultro promitterent. Deinde cum exercitu Daniam ingressus Worm regem primo impetu adeo perterruit, ut imperata se facere mandaret et pacem supplex deposceret. Sic Heinricus rex victor apud Sleswich, quae nunc Heidebo dicitur, regni terminos ponens, ibi et marchionem statuit et Saxonum coloniam habitare precepit. Videns igitur sanctissimus archiepiscopus Unni, qui Reinwardo successit in cathedram, misericordia Dei nostri et virtute regis Heinrici Danorum Slavorumque pertinaciam esse edomitam ostiumque fidei in gentibus apertum esse, omnem suae diocesis latitudinem elegit per se ipsum circuire. Multis igitur religiosis comitatus pervenit ad Danos, ubi tunc crudelissimus Worm regnavit; et illum quidem pro ingenita flectere nequivit sevicia, filium autem Haroldum convertit et fidelem Christo perfecit, ita ut Christianitatem, quam pater eius semper odio habuit, ipse servari publice permiserit, quamvis ipsemet baptismi sacramentum nondum perceperit. Ordinatis itaque in regno Danorum per singulas ecclesias sacerdotibus sanctus Dei multitudinem credentium commendasse fertur Haroldo. Cuius etiam fultus adiutorio et legato omnes insulas Danorum penetravit, ewangelizans verbum Dei et fideles, quos invenit illic captivos, in Christo confortans. Deinde vestigia secutus magni predicatoris Anscarii, remigans mare Balthicum, non sine labore pervenit ad Byrcam principalem Suediae civitatem, quo iam post obitum sancti Anscarii nemo doctorum annis septuaginta venire ausus est preter solum, ut legimus, Reimbertum. Est autem Byrca oppidum Gothorum celeberrimum, in medio Suediae positum, quod tractus quidam Balthici maris alluit, reddens portum optabilem, quo omnes Danorum, Norveorum itemque Slavorum ac Semborum naves aliique Scithiae populi pro diversis commerciorum necessitatibus sollempniter convenire solent. In eo igitur portu confessor Domini egressus insolita populos appellare cepit legacione. Quippe Sueones et Gothi propter varia temporum pericula et regum cruentam feritatem Christianae religionis penitus obliti fuerunt, sed favente gratia Dei a sancto patre Unni denuo ad fidem revocati sunt. Perfecto igitur legacionis suae ministerio, cum iam redire disponeret ewangelista Dei, egritudine correptus apud Byrcam fessi corporis sarcinam deposuit. Obiit autem peracto boni certaminis cursu anno dominicae incarnacionis nongentesimo XXX° sexto. Cui successit in cathedra venerabilis Adheldagus.

Conversio Haroldi. Capitulum IX.

Eodem quoque anno contigit gloriosum imperatorem Heinricum migrare de hac vita, et constitutus est in regnum filius eius Otto, cognomento Magnus. Qui cum regnare cepisset, multas perpessus est iniurias a fratribus suis. Rex quoque Danorum, qui patri eius fuit tributarius, reiecto servitutis iugo arma corripuit pro libertate. Et primo omnium marchionem, qui erat apud Sleswich, quae alio nomine Heidebo dicitur, cum legatis regis Ottonis obtruncavit, omnem Saxonum coloniam, quae ibidem erat, funditus extinguens. Slavi etiam novas res affectantes nichilominus rebellare moliti sunt, multis terroribus Saxonum confinia pulsantes. Rex igitur Otto divino fultus auxilio, ubi primum de insidiis fratrum suorum liberatus est, fecit iudicium et iusticiam populo suo. Deinde postquam omnia pene regna, quae post mortem Karoli defecerant, suo subiugavit imperio, in Danos arma corripuit. Transgressus igitur cum exercitu fines Danorum, qui olim fuerant apud Sleswich, ferro et igne vastavit omnem regionem usque ad mare novissimum, quod Northmannos dirimit a Danis, et usque in presentem diem a victoria regis Ottensund dicitur. Cui regredienti Haroldus rex apud Sleswich bellum intulit. In quo utrisque viriliter concertantibus Saxones victoria potiti sunt, et Dani terga vertentes ad naves cesserunt. Tandem condicionibus ad pacem inclinatis Haroldus Ottoni subicitur et ab eo regnum suscipiens Christianitatem in Dania recipere spopondit. Nec mora, baptizatus est ipse Haroldus cum uxore sua Gunnild et filio parvulo, quem rex noster a sacro fonte susceptum Sueinotto appellavit. Eo tempore Dania plenarie recepit fidem et divisa in tres episcopatus Hammemburgensi metropoli subiecta est. Igitur beatissimus Adheldagus primus ordinavit episcopos in Daniam, et ex eo tempore Hammemburgensis ecclesia cepit habere suffraganeos. Et haec quidem inicia celestis misericordiae secutum est tale incrementum, ut ab illo tempore usque in hodiernum diem ecclesiae Danorum multiplici borealium gentium fructu redundare videantur. His rite peractis in Dania fortissimus Otto rex convertit exercitum ad subiugandos Slavorum rebelles. Quos pater eius uno grandi bello domuerat, ipse tanta deinceps virtute constrinxit, ut tributum et Christianitatem pro vita simul et patria libenter offerrent victori, baptizatusque est totus gentilium populus, ecclesiae in Slavania tunc primum constructae. De quibus rebus suo loco, ut gesta sunt, oportunius aliqua scribenda sunt.

De duce Hermanno. Capitulum X.

Post haec autem, cum rex victoriosissimus Otto ad liberandam sedem apostolicam vocaretur in Italiam, consilium fertur habuisse, quem post se vicarium potestatis relinqueret ad faciendam iusticiam in his partibus, quae barbaris confines sunt terminis. Nondum enim post tempora Karoli propter veteres illius gentis sediciones Saxonia ducem accepit nisi cesarem. Ne igitur in regis absentia Dani sive Slavi novi aliquid molirentur, rex necessitate persuasus Heremanno primum tutelae vicem in Saxonia commisit. De quo viro et progenie viri, quoniam nostris temporibus multum invaluerunt, aliqua commemorare necessarium duxi. Vir iste pauperibus ortus natalibus primo, ut aiunt, septem mansis totidemque manentibus ex hereditate patrum fuit contentus. Deinde, quod erat acris ingenii decorisque formae, cum pro merito fidei et humilitatis, quam dominis et paribus exhibuit, facile notus in palacio, ad familiaritatem ipsius regis [pervenit]. Qui comperta iuvenis industria suscepit eum in numero ministrorum, deinde nutricium precepit esse filiorum, mox etiam succedentibus prosperis commisit ei vices prefectorum. In quibus officiis strennue administratis dicitur manentes suos pro furto in iudicio delatos data sententia simul omnes dampnasse ad mortem. Cuius novitate facinoris et tunc carus in populo et clarissimus deinceps factus est in palacio. Postquam vero ducatum Saxoniae meruit, iudicio et iusticia gubernavit provinciam et in defensionem ecclesiarum sanctarum studiosus permansit usque in finem.

Igitur tali viro piissimus rex vicem suam in hac regione commendans in Italiam discessit. Ubi rex habito concilio episcoporum Iohannem papam, cui Octavianus cognomentum erat, multis accusatum criminibus deponi fecit, quamvis absentem - nam fuga iudicium subterfugerat -, et in locum eius protum Leonem ordinari fecit. A quo ipse mox coronatus imperator et augustus a populo Romano consalutatus est anno regni eius XX°VIII°; post coronatum Romae Karolum centum quinquaginta tres anni fluxerunt. Eo tempore imperator cum filio quinquennium in Italia commoratus filios Beringarii debellavit Romamque pristinae reddidit libertati. Reversus ergo in patriam omne studium intorsit ad gentium vocacionem, precipue vero Slavorum, quod

XXIII

etiam pro sententia eius ita evenit, Deo cooperante et piissimi regis dexteram in omnibus corroborante.

De Alberto archiepiscopo. Capitulum XI.

Subactis autem Christianaeque fidei copulatis Slavorum gentibus Magnus Otto inclitam urbem Magdeburg super ripas Albiae fluminis condidit, quam Slavis metropolim statuens Adhelbertum summae sanctitatis virum ibidem consecrari fecit archiepiscopum. Is primus in Magdeburg ordinatus duodecim annis strennue pontificatum administravit multosque Slavorum populos illic predicando convertit. Cuius ordinatio facta est anno imperatoris XXX°V°, et sunt anni post ordinacionem sancti Anscarii CXXX septem. Magdeburgensi autem archiepiscopatui subiecta est tota Slavania usque ad Penem fluvium; episcopatus suffraganei quinque, quorum Merseburg et Cicen super Salam fluvium conditae, Misna vero super Albiam, Brandenburg et Havelberg interius vadunt. Sextus episcopatus Slavaniae est Aldenburg. Hunc episcopatum sicut et ceteros imperator Otto Magdenburgensi primum subicere decreverat, quem tamen postmodum Adheldagus Hammemburgensis episcopus requisivit, eo quod terminis suae ecclesiae antiquis imperatorum privilegiis esset circumscriptus.

De Marcone episcopo. Capitulum XII.

Est autem Aldenburg, ea quae Slavica lingua Starigard, hoc est antiqua civitas, dicitur, sita in terra Wagirorum, in occiduis partibus Balthici maris, et est terminus Slaviae. Haec autem civitas sive provincia fortissimis quondam incolebatur viris, eo quod in fronte tocius Slaviae posita contiguos haberet Danorum sive Saxonum populos et omnes bellorum motus ipsi aut primi inferrent aut aliis inferentibus exciperent. Tales autem in eis quandoque reguli fuisse probantur, qui omni Obotritorum sive Kycinorum et eorum qui longe remotiores sunt dominio fuerint potiti. Conclusa igitur atque subnervata, ut supra dictum est, omni Slavorum provincia, urbs nichilominus Aldenburg ad fidem conversa est et facta est numero fidelium copiosissima. Huic urbi precellentissimus cesar pontificem dederat venerabilem virum Marconem, subdens ei omnem Obotritorum provinciam usque ad Penem fluvium et urbem Dimine. Preterea civitatem opinatissimam Sleswich, quae alio nomine Heidibo dicitur, eiusdem curae delegavit. Eo enim tempore Sleswich cum provincia adiacente, quae scilicet a lacu Slya ad Egdoram fluvium portenditur, Romano imperio subiacebat, habens terram spaciosam et frugibus fertilem, sed maxime desertam, eo quod inter occeanum et Balthicum mare sita crebris insidiarum iacturis attereretur. Postquam autem misericordia Dei et virtute Magni Ottonis matura pax omnia possedit, ceperunt habitari deserta Wagricae et Sleswicensis provinciae, nec ullus iam angulus relictus fuerat, qui non esset conspicuus urbibus et vicis, plerisque etiam monasteriis. Adhuc restant antiquae illius habitacionis pleraque indicia, precipue in silva, quae ab urbe Lutilinburg per longissimos tractus Sleswich usque protrahitur, cuius vasta solitudo et vix penetrabilis inter maxima silvarum robora sulcos pretendit, quibus iugera quondam fuerant dispertita. Urbium quoque seu civitatum formam structura vallorum pretendit. In plerisque etiam rivis qui propter molendina stipandis aquis aggeres congesti sunt ostendunt omnem illum saltum a Saxonibus quondam inhabitatum. Primus igitur, ut dixi, huic novellae plantacioni episcopus Marco prefuit, qui populos Wagirorum sive Obotritorum sacro baptismatis fonte lavit. Quo defuncto, Sleswich singulari pontifice honorata est.

Aldenburgensem sedem suscepit regendam venerabilis vir Ecwardus, qui multos Slavorum convertit ad Dominum. Ordinatus est a sancto Adeldago Hammemburgensi archiepiscopo. Crevit autem populus fidelium, nec fuit aliquid, quod novellae ecclesiae adversaretur, omni tempore Ottonum. Horum tres fuisse comperi omnes pari devocione erga Slavorum vocacionem affectos. Et repleta est omnis Wagirorum, Obotritorum sive Kycinorum provincia ecclesiis et sacerdotibus, monachis et Deo dicatis virginibus. Porro Aldenburgensis ecclesia dedicata fuit in commemoracione sancti Iohannis baptistae, existens honore matricis ecclesiae insignis. Michilinburgensis vero ecclesia fuit constructa in honore principis apostolorum Petri, continens monasterium virginum. Fuerunt preterea Aldenburgenses pontifices admodum honorabiles erga regulos Slavorum, eo quod munificentia magni principis Ottonis cumulati essent temporalium rerum affluentia, unde possent copiose largiri et favorem sibi populi consciscere. Dabatur autem pontifici annuum de omni Wagirorum sive Obotritorum terra tributum, quod scilicet pro decima imputabatur, de quolibet aratro mensura grani et XL resticuli lini et XII nummi puri argenti. Ad hoc unus nummus, precium colligentis. Slavicum vero aratrum par boum aut unus conficit equus. De urbibus vero aut prediis aut curtium numero, quae ad possessionem pontificis pertinebant, non est huius operis explanare, eo quod vetera in oblivionem venerint, et ecce nova sunt omnia.

De Wagone episcopo. Capitulum XIII.

Anno igitur regni sui XXX'VIII', imperii XI', magnus princeps Otto, domitor omnium septentrionis nacionum, feliciter migravit ad Dominum et sepultus est in civitate sua Magdeburg. Cui filius Otto medianus succedens per X annos strennue gubernavit imperium. Is statim Lothario et Karolo Francorum regibus subactis, cum in Calabriam bellum transferret, a Sarracenis et Grecis victor et victus apud Romam discessit. Illi tercius Otto, cum adhuc esset puer, in regnum substitutus annos X et VIII' forti et iusto sceptrum ornavit imperio.

Eodem tempore Hermannus dux Saxonum obiens heredem suscepit filium Bennonem, qui etiam vir bonus et fortis memoratur, excepto quod degenerans a patre populum rapina gravavit. Apud Aldenburg defuncto Ecwardo successit Wago. Hic in summa prosperitate inter Slavos degens sororem fertur habuisse speciosam, quam appetiit regulus Obotritorum nomine Billug. Cumque allegacionibus crebris pontificem super hoc negocio convenisset, quidam familiarium episcopi petitionem incauta verborum iniuria repulerunt, dicentes iniustum esse pulcherrimam virginem agresti et inculto viro copulare. Quam ille contumeliam dissimulacione repressit et amoris stimulo concitatus preces iterare non destitit. Timens autem episcopus, ne ecclesiae novellae gravius aliquid exinde emergeret, postulacioni eius favore concurrit, data ei sorore sua in coniugio. Procreavit autem ex ea filiam nomine Hodicam, quam pontifex, avunculus eius, monasterio virginum contraditam et sacris litteris edoctam abbatissam prefecit virginibus, quae degebant Mikilinburg, cum tamen necdum pervenisset ad annos. Quod utique frater eius Missizla egre tulit, odio, licet occulto, concitatus Christianae religionis, timens etiam, ne hoc exemplo peregrinus mos illis in partibus inolesceret. Patrem autem frequenter coarguit, quasi qui mente alienatus supervacuas diligeret adinventiones nec timeret patriis derogare legibus, prius quidem ducens uxorem Teutonicam, deinde filiam suam monasticae clausurae contradens. Cumque his verbis patrem sepius exacueret, ille cepit sensim flecti animo iamque cogitare de acceptae coniugis repudio et de mutacione rerum. Sed conatus eius timor repressit, eo quod gravium causarum introitus semper sint difficiles, virtus quoque Saxonum admodum esset formidabilis. Necesse enim fuit repudiata sorore pontificis et divinis rebus pessundatis statim ad bella veniri.

De dolo Billug. Capitulum XIIII.

Quadam igitur die contigit pontificem venire in civitatem Obotritorum Mikilinburg visitacionis gratia, quo etiam Billug cum primoribus occurrerat, excepturus eum simulata devocione. Episcopum itaque publicis causis intentum sepedictus Obotritorum regulus palam alloquitur: 'Magnas pietati tuae, pater venerabilis, debeo gratulaciones, licet me ad has exsolvendas nequaquam sufficere ipse recognoscam. Privata enim beneficia, quae michi inpendisti, quia multiplicia sunt et prolixo sermone egent, ad presens differo, generale tocius provinciae bonum commemorare compellor. Sollicitudo enim tua super ecclesiarum instauracione et animarum salute omnibus manifesta est; sed nec latet, quantas principum offensas tua providentia fregisti, ut cum pace et tranquillitate in gratia principum consistere possimus. Honori igitur tuo, si expostulati fuerimus, et nos et nostra incunctanter impendemus. Peticionem autem parvulam apud te deponere non dubito: ne confundas faciem meam. Est apud Obotritos pontificale tributum, quod pro decima imputatur, de quolibet scilicet aratro, quod duobus bobus aut uno constat equo, mensura grani et XL restes lini et XII nummi probatae monetae; preterea unus nummus, qui debetur colligenti. Hoc me rogo permittas colligere deputandum stipendiis neptis tuae, filiae scilicet meae. Quod ne forte ad tui iniuriam et annonae tuae diminucionem rogare videar, adicio possessioni tuae in singulis urbibus, quae sunt in terra Obotritorum, villas, quas ipse elegeris, exceptis his, quae ad ius pontificale imperatoria iam dudum concessione pervenerunt'. Pontifex igitur non advertens callidissimi hominis dolum verborum coloribus adumbratum, reputans etiam nichil sibi officere concambium, sine mora peticioni eius annuit. Ipse quidem villas amplissimae possessionis accepit, tributum vero, quod supra memoravi, genero suo ad manus filiae ipsius colligendum resignavit; aliquandiu etiam apud Obotritos commoratus predia colonis exercenda distribuit ordinatisque omnibus in terram Wagirorum reversus est. Ibi enim statio oportunior fuit et extra pericula posita, eo quod Slavorum animi naturaliter sint infidi et ad malum proni ideoque cavendi. Habuitque preter alias curtes duas nobiles, apud quas sepius pontifex diversatus est, unam in villa publica quae dicitur Buzu, alteram super fluvium Trabenam in loco qui dicitur Nezenna, ubi etiam fuit oratorium et caminata murato opere facta, cuius fundamenta ego adolescentulus vidi, eo quod non fuerint longe a radice montis, quem antiqui Eilberch, moderni propter castellum impositum Sigeberch appellant. Post multos igitur dies, cum pontifex Wago alias occupatus terram Obotritorum rarius inviseret, supradictus Billug una cum filio suo Missizla oportunitatem nactus dolum, quem erga dominum et pastorem suum conceperat, paulatim detexit, cepitque possessiones episcopales, quas sibi ut fideli et affini suo tuendas episcopus commendaverat, occultis vastare latrociniis et subintromittere servos suos, qui colonis equos et ceteras substantias furtim auferrent. Conatus

XXIX

enim illius ad id usque processit, ut episcopum sicut decimarum iure sic possessionibus eximeret, perturbatoque capite cultus Dei facilius pateret exterminio. Tandem igitur pontifex veniens in provinciam Obotritorum ibique habita cum colonis inquisicione deprehendit ad liquidum, quorum machinamentis tanta possessioni suae inmitterentur latrocinia. Permotus itaque, quod non mirum, stupore simul et timore, eo quod atrocissimos insidiatores invenisset eos, quos putabat amicissimos, iamque presentiens novellae plantacionis defectionem, multum cepit fluctuare animo. Recurrens autem ad id, quod pro tempore tutius videbatur consilium, temptare cepit, si forte verbis suasibilibus mederi posset morbo paulatim subrepenti, multisque generum blandiciis mulcere cepit, ut a ceptis desisteret, neve possessiones ecclesiasticas predonibus depascendas exponeret; proventuram sibi, si non resipuerit, non solum offensam divinitatis, sed et maiestatis imperatoriae. Ille obiectionibus dolos prestruens respondet nunquam se erga dominum et patrem suum tantam admisisse inposturam, circa quem animum habuerit optime semper affectum; si quid autem forefactum fuisset, latronum hoc insidiis contigisse, qui de Ranis sive Wilzis commeantes forte nec suis parcerent; se quidem ad hos cohibendos consilio et auxilio libenter affuturum. Facile igitur persuasum est simplici viro concepta opinione desistere. Postquam autem accepta satisfactione pontifex abcessit, illi statim rupta pollicitacione ad cepta devoluti sunt flagicia furtisque villarum incendia copulaverunt, preterea colonis omnibus, qui ad ius episcopi pertinebant, nisi quantocius predia desererent, mortem interminati sunt. Sicque possessiones illas desolacio in brevi consecuta est.

Accessit his malis, quod idem Billug matrimonii sui iura corrupit, repudiata scilicet sorore pontificis. Fuit haec causa inimiciciarum precipua occasio, ceperuntque res ecclesiasticae paulatim titubare. Nec fuit, unde status novellae ecclesiae ad plenum posset convalescere, eo quod Magnus Otto iam pridem vita presenti decessisset, medius quoque necnon et tercius Otto bellis Italicis essent occupati, et ob hanc causam Slavi temporis oportunitate freti non solum divinis legibus, sed et imperatoriis iussis cepissent paulatim obniti. Solus Saxoniae dux Benno aliquam dominationis umbram, licet tenuem, pretendere videbatur, cuius respectu Slavorum impetus retardati sunt, ne aut fidei Christianae renuntiarent aut arma corriperent.

Wagone igitur facto de medio Ezico successit in cathedram. Iste suscepit ordinem a sanctissimo Adeldago Hammemburgensi archiepiscopo. Quatuor ergo pontifices ante excidium Aldenburgensis ecclesiae extitisse comperimus, videlicet Marconem, Ecwardum, Wagonem, Eziconem, quorum tempore Slavi in fide perstiterunt. Ecclesiae in Slavania ubique erectae sunt, monasteria virorum ac mulierum Deo servientium constructa sunt plurima. Testis est magister Adam, qui gesta Hammemburgensis ecclesiae pontificum disertissimo sermone conscripsit, qui cum commemoret Slavaniam in duo de XX pagos dispertitam, affirmat absque tres omnes ad Christi fidem conversos.

De Suein rege Danorum. Capitulum XV.

Eodem quoque tempore Bolizlaus Polenorum christianissimus rex confederatus cum Ottone tercio omnem Slaviam, quae est ultra Odoram, tributis subiecit, sed et Ruciam et Pruzos, a quibus passus est Adelbertus episcopus. Cuius reliquias tunc Bolizlaus transtulit in

Poloniam. Principes Slavorum, qui Winuli sive Winithi dicuntur, fuerunt eo tempore Missizla, Naccon et Sederich, sub quibus pax continua fuit, et Slavi sub tributo servierunt. Nec pretereundum videtur, quod idem Missizlaus Obotritorum princeps Christum palam confitens, sed clam persequens, sororem suam, Deo dicatam virginem Hodicam, monasterio virginum quod erat Mikilinburg subtraxit eamque cuidam Bolizlao incestissimo sociavit coniugio; ceteras virgines, quae ibidem repertae sunt, aut militibus suis nuptum tradidit aut in terram Wilzorum sive Ranorum transmisit, sicque monasterium illud desolacio consecuta est. Siquidem in diebus illis permittente Deo propter peccata hominum perturbata est apud Danos et Slavos tranquillitas, et pulchris divinae religionis incrementis inimicus homo superseminare zizania conatus est. Apud Danos enim Sueinotto filius christianissimi regis Haroldi, dyabolico spiritu inflammatus, multas adversus patrem molitus est insidias, cupiens eum quasi longevum et minus validum regno privare et opus divinae plantacionis de finibus Danorum penitus exterminare. Haroldus autem, ut supradictum est, primum quidem gentilis, deinde magni patris Unni doctrina ad fidem Christi conversus, tanta se erga Dominum devocione exercuit, ut non surrexerit similis ei inter omnes reges Danorum, qui tantam aquilonis latitudinem ad fidem divinae cognicionis traxerit et omnem terram ecclesiis et sacerdotibus fecerit esse insignem. Huius viri industria in divinis quidem rebus fuit eximia, tamen etiam in mundana sapientia. In his videlicet, quae ad regni gubernacionem pertinere videntur, adeo claruit, ut leges et iura statuerit, quae pro auctoritate viri non solum Dani, sed et Saxones adhuc hodie servare contendunt. Concitantibus igitur his qui Deo servire et pace regi detrectabant, Dani unanimi conspiratione Christianitatem abdicarunt et statuentes impium Suein in regnum patri eius Haroldo bellum indicunt. Qui licet ab inicio regni sui semper spem suam in Deo posuerit, vel tunc maxime Domino commendavit eventum rei, non tam dolens sua pericula quam filii delictum et ecclesiae angustias. Cernens enim tumultum non posse sedari sine prelio arma sumpsit invitus, adhortantibus his qui Domino ac regi suo fidem inviolatam exhibere nitebantur. Ventum est igitur ad bellum. In quo conflictu victa est pars Haroldi, cecideruntque vulnerati multi. Ipse vero Haroldus graviter sauciatus fugit ex acie ascensaque navi elapsus est ad civitatem opinatissimam Slavorum nomine Iumnetam. Ubi preter spem, quia barbari erant, humane receptus, post aliquot dies ex eodem vulnere deficiens, in Christi confessione migravit, asscribendus non solum inter Deo dignos reges, sed etiam inter gloriosos martyres. Regnavit autem annis L. Quo defuncto Suein regno potitus in sua crudelitate sevire cepit, gravissimam in Christianos persecucionem exercens. Consurrexeruntque omnes iniqui in finibus aquilonis gaudentes vel tunc patere locum maliciae suae, bellis scilicet et perturbationibus, ceperuntque finitima regna vexare terra marique. Primum ergo conflato navali exercitu, remigantes mare Britannicum brevi compendio, appulerunt litoribus Albiae fluminis, ubi improvisi irruentes super quietos et impavidos vastaverunt omnia maritima Hathelen omnemque terram Saxonum, quae erat super ripas fluminis, quousque pervenirent Stadium, quod est oportuna stacio navium per Albiam descendentium. Quo tristi rumore velociter comperto comites Sigafridus et Thidericus ceterique nobiles, ad quos provinciae tutela pertinebat, ruerunt obviam barbaris, cum tamen essent perpauci, constricti temporis articulo, exceperuntque hostes in memorato portu Stadii. Facta est igitur pugna vehementissima, in qua superantibus Danis virtus Saxonum penitus est attrita. Comites ambo ceterique nobiles et militares viri, qui interfectioni superfuerant, vincti et cathenati ad naves perducti sunt. Comes Sigafridus auxilio cuiusdam piscatoris noctu profugit et evasit captionem. Quam ob rem barbari furore correpti omnes quos habebant in vinculis nobiliores truncaverunt manibus et pedibus et nare precisa ad terram semianimes proiecerunt. Deinde quod residuum fuit provinciae illius impune predati sunt. Altera pars piratarum, quae per Wirraham subvecta omnem illius fluminis ripam usque Lestmonam vastaverat, cum maxima captivorum multitudine pervenerunt ad paludem Glindesmor. Ubi cum quendam Saxonem militem captivum facerent ducem itineris, ille perduxit eos ad difficiliora loca paludis. In qua illi diu fatigati facile a Saxonibus, qui insecuti sunt, disiecti sunt, et perierunt ex eis XX milia. Nomen militis, qui deduxit eos ad invium, fuit Heriwardus, perhenni Saxonum laude celebratur.

Quomodo Slavi fidem reliquerint. Capitulum XVI.

Circa idem tempus impletus est annus incarnacionis verbi millesimus primus, in quo fortissimus imperator tercius Otto, cum iam tercio victor Romam intrasset, inmatura morte preventus occubuit. Cui successit in regnum pius Heinricus, iusticia et sanctitate insignis, ille, inquam, qui Bavenbergensem fundavit episcopatum et erga cultum ecclesiarum amplissimae fuit munificentiae. At vero anno regni eius X° mortuus est dux Saxoniae Benno, vir omni probitate conspicuus et strennuus ecclesiarum defensator. Cuius principatus heres factus est Bernardus filius eius, licet a paterna felicitate diverterit. Ex illo enim tempore, quo dux constitutus est, in hac regione nunquam cessavit discordia et perturbacio, quoniam dux Heinrico imperatori rebellare ausus totam secum ad rebellandum cesari movit Saxoniam. Deinde surgens in Christum omnes ecclesias

Saxoniae terruit atque turbavit, illas precipue, quae in memorata rebellione ipsius maliciae noluerunt applicari. Accessit his malis, quod idem dux, tam paternae quam avitae devocionis, quam erga Slavos habebant, penitus inmemor, gentem Winulorum per avariciam crudeliter opprimens ad necessitatem paganismi coegit. Sane eo tempore Slavorum dominio potiti sunt Theodericus marchio et dux Bernardus, illo quidem orientalem, isto occidentalem possidente provinciam, quorum ignavia coegit Slavos fieri desertores. Rudes enim adhuc in fide gentilium populos, quos optimi quondam principes cum magna lenitate foverant, temperantes rigorem his, quorum propensius insistebant saluti, isti tanta crudelitate insectati sunt, ut excusso tandem servitutis iugo libertatem suam armis defendere cogerentur. Principes Winulorum erant Mistiwoi et Mizzidrag, quorum ductu sedicio inflammata est. Sermo igitur est et veterum narracione vulgatum, quod idem Mistiwoi petiit sibi neptem ducis Bernardi [dari in uxorem], illeque promisit. Tunc idem princeps Winulorum volens sponsione dignus fieri perrexit cum duce in Italiam cum equitibus mille, qui omnes fere ibidem sunt interfecti. Cumque rediens de expeditione pollicitam sibi mulierem expeteret, Theodericus marchio intercepit consilium, consanguineam ducis proclamans non dandam cani. Quo ille audito cum magna indignacione recessit. Cum igitur dux mutato consilio nuntios post eum direxisset, ut concupitis potiretur nuptiis, ille refertur tale dedisse responsum: 'Oportet quidem generosam magni principis neptem prestantissimo viro copulari, non vero cani dari. Magna gratia nobis pro servicio refertur, ut iam canes, non homines iudicemur. Si igitur canis valens fuerit, magnos morsus dabit'. Et hoc dicens reversus est in Slaviam, et primo omnium transivit in civitatem Rethre, quae est in terra Luticiorum, convocatisque omnibus Slavis, qui ad orientem habitant, intimavit eis illatam sibi contumeliam, et quia Saxonum voce Slavi canes vocentur. At illi: 'Merito haec', inquiunt, 'pateris, qui spernens contribules tuos excoluisti Saxones, gentem perfidam et avaram. Iura igitur nobis, quod deseras eos, et stabimus tecum'. Iuravitque eis.

Postquam autem dux Bernardus emergentibus causis arma adversus cesarem corripuit, Slavi, oportunitate accepta, congregato exercitu totam primo Nordalbingiam ferro et igne depopulati sunt. Deinde reliquam peragrantes Slavaniam omnes ecclesias incenderunt et ad solum usque diruerunt. Sacerdotes autem et reliquos ecclesiarum ministros variis suppliciis enecantes nullum Christianitatis vestigium trans Albiam reliquerunt. Apud Hammemburg eo tempore ac deinceps multi ex clero et civibus in captivitatem abducti sunt, plures etiam interfecti propter odium Christianitatis. Narrant seniores Slavorum, qui omnes barbarorum gestas res in memoria tenent, Aldenburg civitatem populatissimam de Christianis inventam fuisse. Sexaginta igitur presbiteri, ceteris more pecudum obtruncatis, ibi ad ludibrium servati sunt. Quorum maior loci prepositus Oddar nomen habuit. Ille igitur cum ceteris tali martirio consummatus est, ut, cute capitis in modum crucis incisa, ferro cerebrum singulis aperiretur. Deinde ligatis post terga manibus confessores Dei per singulas civitates Slavorum tracti sunt, usque dum deficerent. Taliter illi spectaculum facti et angelis et hominibus in stadio medii cursus exhalarunt victorem spiritum. Multa in hunc modum per diversas Slavorum aut Nordalbingorum provincias tunc facta memorantur, quae scriptorum penuria nunc habentur pro fabulis. Tanti denique in Slavia habentur martyres, ut vix possent libro comprehendi.

Omnes igitur Slavi, qui inter Albiam et Odoram habitant, per annos LXX et amplius Christianitatem coluerunt, omni scilicet tempore Ottonum, talique modo se absciderunt a corpore Christi et ecclesiae, cui ante coniuncti fuerant. O vere occulta super homines Dei iudicia, qui miseretur cui vult et quem vult indurat! Cuius omnipotentiam mirantes videmus eos ad paganismum relapsos esse, qui primi crediderunt, illos autem conversos ad Christum, qui videbantur novissimi. Ille igitur iudex iustus, fortis et paciens, qui olim deletis coram Israel VII gentibus Canaan solos reservavit allophilos, in quibus experiretur Israel, ille, inquam, modicam gentilium portionem nunc indurare voluit, per quos nostra confunderetur perfidia. Haec facta sunt ultimo tempore senioris Libentii archiepiscopi sub duce Bernardo, filio Bennonis, qui populum Slavorum graviter afflixit. Theodericus marchio Slavorum, cui cum commemorato eadem fuit avaritia, similis crudelitas, depulsus ab honore et ab omni hereditate prebendarius apud Magdeburg mala morte, ut dignus fuit, vitam finivit. Mistiwoi princeps Slavorum, circa ultima tempora penitentia ductus et ad Deum reversus, cum nollet Christianitatem deserere, depulsus est patria fugiensque ad Bardos ibidem consenuit fidelis.

De Unwano episcopo. Capitulum XVII.

Defuncto igitur Ezicone in Aldenburg successit Volcwardus, post quem Reginbertus; quorum prior Volcwardus persecucionis tempore Slavia pulsus abiit in Norwegiam, ibique multos Domino lucratus cum gaudio rediit Bremam. In Hammemburgensi quoque metropoli Adaldago, qui primus in Aldenburg ordinavit episcopos, successit Libentius, vir sanctitate insignis. Huius temporibus Slavi defecerunt a fide. Post hunc fuit Unwanus clarissimo genere oriundus, preterea dives et largus, omnibus hominibus acceptus, clero autem adprime benivolus. Eo igitur tempore, quo dux

Bernardus suique complices cesari Heinrico rebellavit omnibusque Saxoniae ecclesiis esset gravis et infestus, illis maxime, qui erga maiestatem imperatoriam fidelitatis suae iura temerare noluissent, eius impetum viri dicitur archiepiscopus Unwanus sua magnanimitate refregisse, ut propter sapientiam et liberalitatem episcopi cogeretur ipse dux ecclesiae, cui antea adversatus est, deinceps benignus esse in omnibus. Igitur habito pontificis consilio rebellis princeps tandem flexus apud Scalchisburg cesari Heinrico supplex dedit manus. Mox quoque favente Unwano Slavos tributo subiciens pacem reddidit Nordalbingis et matri Hammemburg. Ad cuius restauracionem venerabilis metropolitanus asseritur post cladem Slavanicam civitatem et ecclesiam fecisse novam, simul ex singulis congregacionibus suis, quae virorum essent, tres eligens fratres, ita ut XII fierent, qui in Hammemburg canonica degerent conversatione vel qui populum converterent ab errore ydolatriae. Ordinavitque in Slavaniam mortuo Reginberto Bennonem, virum prudentem, qui de fratribus Hammemburgensis ecclesiae electus in populo Slavorum multum predicando fructum attulit.

De Bennone episcopo. Capitulum XVIII.

Benno, magnae devotionis vir, cupiens diruta Aldenburgensis sedis reedificare, perquirere cepit de possessionibus et reditibus, quos ad ius episcopale Magni Ottonis deputaverat institucio. Sed quia post excidium Aldenburgensis ecclesiae primitiva instituta et magnorum principum donationes venerant in abolicionem et Slavorum possessioni cesserant, memoratus pontifex in presentia ducis Bernardi questus est, quia Wagiri et Obotriti ceterique Slavorum populi debita sibi negarent stipendia. Unde principes Winulorum ad colloquium evocati sunt et interrogacione habita, quare pontifici legitimam subtraherent annonam, illi pretendere ceperunt varias exactionum gravedines; expedire sibi egredi terram quam implicari maioribus vectigalium pensionibus. Considerans igitur dux non posse instaurari ecclesiastica iura secundum eam formam, qua fuerant tempore Magni Ottonis, peticione adhibita vix obtinuit, ut de qualibet domo, paupere vel divite, per omnem Obotritorum terram duo nummi pontificalibus solverentur inpensis. Preterea curtes illae notissimae Buzu et Nezenna et ceterae possessiones in terra Wagirorum episcopo restitutae sunt rursus incolendae. Illa vero predia, quae fuerunt in remotiori Slavia, quae olim ad Aldenburgense episcopium pertinuisse antiquitas commemorat, ut est Derithsewe, Morize, Cuzin, cum attinentiis suis episcopus Benno nullatenus per ducem obtinere potuit, licet ad haec requirenda sepius enisus fuerit. Postquam autem placuit piissimo cesari Heinrico curiam celebrare in castro Werbene, quod est iuxta Albiam, ad experiendos animos Slavorum, venerunt omnes principes Winulorum in presentiam cesaris seque imperio ad bonum pacis et subiectionis obtemperaturos protestati sunt. Ibi igitur cum Aldenburgensis pontifex in facie cesaris veterem pro ecclesiae suae bonis innovaret querimoniam, interrogati principes Slavorum de possessionibus ad ius episcopi pertinentibus recognoverunt memoratas urbes cum suburbiis eorum ecclesiae et pontifici debere pertinere. Preterea omnes Obotriti, Kicini, Polabi, Wagiri et ceteri Slavorum populi, qui terminis Aldenburgensis ecclesiae concludebantur, polliciti sunt dare omnem censum, quem pro decima Magnus Otto ecclesiasticis stipendiis deputaverat. Quorum tamen pollicitatio plena simulacione et fallacia fuit. Statim enim, ut cesar soluta curia ad alia se convertit, nichil de promissis curaverunt. Dux quoque Saxonum Bernardus, in armis quidem strennuus, sed totus avaricia infectus, Slavos, quos e vicino positos bellis sive pactionibus subegerat, tantis vectigalium pensionibus aggravavit, ut nec memores Dei nec sacerdotibus ad quicquam essent benivoli. Quam ob rem Christi confessor Benno, videns legacionis suae ministerium a principibus seculi non solum non adiuvari, immo funditus prepediri, casso labore fatigatus, cum non inveniret, ubi requiesceret pes eius, pervenit ad sanctissimum virum Berenwardum, Hildensemensem presulem, ostendens ei angustias suas et querens in tribulacione consolacionem. Ille, ut erat vir mitissimus, collegit hospitem, prebuit lasso humanitatis officia et de facultatibus ecclesiae suae supputavit ei vitae stipendia, quatinus ad legacionis suae opus exiens atque revertens inveniret stacionem tutam, in qua pausare posset. Eo tempore memoratus pontifex Berenwardus in possessione, quae sibi hereditario iure provenerat, magnam fundavit ecclesiam amplissimis, ut videri potest, impensis, in honore scilicet sancti Michaelis archangeli, quo etiam copiosam monachorum turmam ad serviendum Deo aggregavit. Consummata igitur ad votum basilica, ad denuntiatum dedicacioni festum convenit inmensa multitudo, ubi cum sinistrum ecclesiae latus noster episcopus Benno dedicaret, a populo compressus et attritus post paucos dies morbo ingravescente vita defunctus est; in aquilonali absida eiusdem ecclesiae honestam obtinuit sepulturam. Huic successit Meinherus, suscepit benedictionem a Libentio secundo. Post hunc fuit Abelinus, ordinatus ab Alebrando archiepiscopo.

De persecucione Godescalci. Capitulum XIX.

In diebus illis pax firma fuit in Slavia, eo quod Conradus, qui pio Heinrico successit in imperium, Winithos frequentibus bellis attriverit. Verumptamen Christiana religio et cultus domus Dei parvum recepit incrementum prepediente avaricia ducis et Saxonum, qui omnia corrodentes nec ecclesiis nec sacerdotibus quicquam passi sunt esse residui. Principes Slavorum Anadrag et Gneus, tercius Udo, male Christianus. Unde etiam propter crudelitatem suam a quodam a Saxonum transfuga improvise confossus est. Filius eius Godescalcus nomine apud Lunenburg scolaribus erudiebatur disciplinis. Qui morte patris comperta fidem reiecit cum litteris amneque transmisso pervenit ad gentem Winithorum. Congregataque multitudine latronum percussit in ultionem patris omnem terram Nordalbingorum; tantas strages fecit Christianae plebis, ut crudelitas omnem modum excesserit. Nichilque remansit in Holzatorum et Sturmariorum provincia sive eorum qui Thetmarsi dicuntur, quod manus eius effugerit, preter notissima illa presidia Echeho et Bokeldeburg. Illo se quidam armati contulerant cum mulieribus et parvulis et substantiis, quae direptioni superfuerant. Quadam igitur die, cum memoratus princeps latrocinali more per campos et miricas ferretur, videns regionem viris et ecclesiis quandoque refertam vastae solitudini subiacere, exhorruit propriae crudelitatis opus et tactus dolore cordis intrinsecus deliberavit a nefariis ceptis cohibere tandem manus. Avulsus ergo parumper a sociis et quasi ad insidias exiens inopinate offendit quendam Saxonem Christianum. Qui cum armatum eminus venientem fugeret, ille clamore sublato hortatur, ut subsistat, iurat etiam se nichil ei nociturum. Cumque vir timidus recepta fiducia substitisset, cepit [per]cunctari ab eo, quis esset, aut quid nosset rumoris. At ille: 'Ego', inquit, 'sum homo pauper, Holsatia genitus; sinistros autem rumores cotidie experimur, quia princeps iste Slavorum Godescalcus multa mala infert populo et terrae nostrae sitimque crudelitatis suae saturare cupit sanguine nostro. Tempus enim esset, ut vindex Deus ulcisceretur iniurias nostras'.

XLI

Cui Godescalcus: 'Multum', inquit, 'coarguis virum illum, principem Slavorum. Revera enim multas ille pressuras suscitavit populo et terrae vestrae, ultor paternae cedis existens magnificus. Ego autem sum vir iste, de quo nunc sermo est, et veni, ut loquar tecum. Doleo enim me tantum nefas commisisse adversus Deum et Christicolas et vehementer cupio redire in gratiam eorum, quibus me tanta iniuste intulisse recognosco. Accipe igitur verba mea et revertens ad populum tuum annuntia eis, ut ad locum destinatum transmittant viros fideles, qui mecum clam agant de federe et pacis conventione. Quo facto omnem hanc turbam latronum, cum quibus magis necessitate quam voluntate detineor, tradam in manus eorum'. Et haec dicens designavit ei locum et tempus. Qui cum venisset ad presidium, in quo Saxonum superstites in magno timore consistebant, nuntiavit senioribus verbum istud absconditum, suggerens omnimodis, ut transmitterent viros ad prefixum colloquii locum. At illi non intenderunt, reputantes dolum insidiis oportunum.

Post aliquot itaque dies idem princeps a duce captus et quasi princeps latronum in vinculis coniectus est. Reputans autem dux virum fortem et ad arma strennuum utilem sibi fore iniit cum eo fedus et honorifice donatum abire permisit. At ille dimissus abiit ad regem Danorum Kanutum et mansit apud illum multis diebus sive annis, variis bellorum exercitiis in Normannia sive Anglia virtutis sibi gloriam consciscens. Unde etiam filia regis honoratus est.

De fide Godescalci. Capitulum XX.

Post mortem igitur Kanuti regis reversus est Godescalcus in terram patrum suorum et inveniens hereditatem suam a quibusdam tyrannis invasam dimicare statuit et

comitante victoria possessiones cum principatu ex
integro recepit. Statimque ad conquirendum sibi apud
Deum gloriam et honorem animum intendens Slavorum
populos, quos Christianitatis olim susceptae oblivio iam
tenebat, ad recipiendam credulitatis gratiam et ad
gerendum ecclesiae curam suscitare studuit. Et
prosperatum est opus Dei in manibus eius, adeo ut
infinita gentilium multitudo conflueret ad baptismi
gratiam. Et reedificatae sunt per universam Wagirorum
provinciam necnon et Polabingorum [et] Obotritorum
ecclesiae quondam dirutae, iamque missum est in omnes
provincias pro sacerdotibus ac ministris verbi, qui rudes
gentilium mentes doctrina fidei inbuerent. Gratulabantur
itaque fideles de novellae plantacionis incremento,
factumque est, ut provinciae plenae essent ecclesiis,
ecclesiae vero sacerdotibus. Sed et Kycinii et Cyrcipani
et quaecumque gentes circa Penim habitant receperunt
gratiam fidei. Est autem Penis fluvius, in cuius ostio sita
est civitas Dimine. Illuc quondam portendebatur limes
Aldenburgensis parrochiae. Igitur omnes Slavorum
populi, qui ad Aldenburgensem pertinebant curam, toto
tempore, quo Godescalcus supervixit, Christianam fidem
devote tenuerunt. Sane magnae devocionis vir dicitur
tanto religionis divinae exarsisse studio, ut sermonem
exhortationis ad populum frequenter in ecclesia ipse
fecerit, ea scilicet quae ab episcopis vel presbiteris
mistice dicebantur cupiens Slavicis verbis reddere
planiora. Procul dubio in omni Slavia nemo umquam
surrexit potentior et tam fervidus Christianae religionis.
Etenim, si vita ei longior concederetur, omnes paganos
ad Christianitatem cogere disposuit, cum fere terciam
partem eorum converterit, qui prius sub avo eius
Mistiwoi relapsi sunt ad paganismum. Tunc etiam per
singulas urbes cenobia fiebant sanctorum virorum
canonice viventium, item monachorum atque
sanctimonialium, sicut testantur hii qui in Lubeke,

Aldenburg, Racesburg, Leontio et in aliis civitatibus singulas viderunt. In Magnopoli vero, quae est inclita Obotritorum civitas, tres fuisse congregaciones Deo servientium referuntur.

Pugna Tolenzorum. Capitulum XXI.

In diebus illis factus est motus magnus in orientali provincia Slavorum civili inter se bello dimicantium. Quatuor autem sunt populi eorum, qui Luticii sive Wilzi dicuntur, quorum Kycinos atque Circipanos citra Panim, Riaduros sive Tholenzos cis Panim habitare constat. Inter hos de fortitudine et potentia valida orta est contentio. Siquidem Riaduri sive Tholenzi propter antiquissimam urbem et celeberrimum illud fanum, in quo simulachrum Radigast ostenditur, regnare volebant, asscribentes sibi singularem nobilitatis honorem, eo quod ab omnibus populis Slavorum frequentarentur propter responsa et annuas sacrificiorum impensiones. Porro Circipani atque Kycini servire detrectabant, immo libertatem suam armis defendere statuerunt. Crescente igitur paulatim sedicione tandem pervenitur ad prelium, ubi inter validissimas pugnas Riaduri atque Tholenzi fusi sunt; igitur secundo et tercio restauratum est prelium, item idem ab eisdem contriti sunt. Multa milia hominum hinc et inde prostrata, Cyrcipani et Kycini, quibus bellum necessitas indixerat, victores. Riaduri atque Tholenzi, qui pro gloria certabant, deiectionis suae pudore vehementer afflicti accersierunt in auxilium fortissimum regem Danorum et ducem Saxonum Bernardum necnon et Godescalcum principem Obotritorum, singulos cum exercitibus suis, alueruntque tantam multitudinem de propriis stipendiis sex ebdomadibus. Invaluitque prelium adversus Circipanos atque Kycinos, nec habuerunt vires resistendi obsessi tanta multitudine, cesaque est ex eis maxima multitudo, quam plurimi in captivitatem ducti. Ad ultimum XVcim milibus marcarum pacem mercati sunt. Principes pecuniam inter se partiti sunt. De Christianitate nulla fuit mentio, nec honorem dederunt Deo, qui contulit eis in bello victoriam. Unde cognosci potest Saxonum insaciabilis avaritia, qui, cum inter gentes ceteras barbaris contiguas prepolleant armis et usu militiae, semper proniores sunt tributis augmentandis quam animabus Domino conquirendis. Decor enim Christianitatis sacerdotum instantia iam dudum in Slavia convaluisset, si Saxonum avaricia non prepedisset. Predicetur igitur et omni laude excolatur dignissimus ille Godescalcus, qui barbaris gentibus editus munus fidei, credulitatis gratiam suae genti cum pleno dilectionis fervore reparavit. Arguantur Saxonum proceres, qui Christianis proavis geniti et gremio sanctae matris ecclesiae foti steriles semper et inanes in opere Dei sunt inventi.

De rebellione Slavorum. Capitulum XXII.

Ea igitur temporum serie, qua misericordia Dei et virtute religiosissimi viri Godescalci status ecclesiae et sacerdocii cultus in Slavia decenter viguit, defuncto Abelino pontifice Aldenburgensis ecclesia in tres divisa est episcopatus. Quod quidem imperiali minime factum est institucione, sed magni Adelberti Hammemburgensis archiepiscopi adinventione ita ordinatum fuisse constat. Ille enim vir magnificus et prepotens in regno, cum fortissimum Heinricum cesarem, videlicet Conradi filium, necnon et papam Leonem haberet propitios atque voluntati suae per omnia consentaneos, in omnibus borealibus regnis, Daciae scilicet, Suediae, Norwegiae, functus est auctoritate archiepiscopali et legacionis apostolicae ministerio. Nec his contentus patriarchatus honorem assequi voluit, eo scilicet ordine, ut infra terminos suae parrochiae XII statueret episcopatus, de quibus narrare supervacuum est, eo quod sapientibus ineptiae quaedam et deliramenta visa fuerint. Confluebant igitur in curiam eius multi sacerdotes et religiosi, plerique etiam episcopi, qui sedibus suis exturbati mensae eius erant participes. Quorum sarcina ipse alleviari cupiens transmisit eos in latitudinem gentium, quosdam locans certis sedibus, quosdam incertis. E quibus Ezonem subrogavit Abelino in Aldenburg, Aristonem quendam ab Ierosolimis venientem in Racesburg esse constituit, Iohannem in Mikilinburg destinavit. Iste Iohannes peregrinacionis amore Scotiam egressus venit in Saxoniam et clementer ut omnes susceptus ab archiepiscopo non multo post in Slaviam missus est ad Godescalcum. Apud quem commoratus illis diebus multa milia paganorum baptizasse describitur.

Pax firma fuit in omni regno, quia fortissimus cesar Heinricus Ungaros, Boemos, Slavos et omnia finitima regna potenti manu coercuerat. Quo translato ad superos successit in sceptrum filius eius Heinricus, puer octo annorum. Statimque ebullierunt perturbaciones variae in regno, eo quod principes, qui contentiones affectabant, contempnerent infantiam regis. Et surrexit unusquisque adversus proximum suum, et multiplicata sunt mala multa in terra, depredaciones, incendia et mortes hominum. Post non multum quoque temporis mortuus est Bernardus dux Saxonum, qui res Slavorum et Saxonum XL annis strennue administravit. Cuius hereditatem Ordulfus et Hermannus filii eius inter se partiti sunt. Et quidem Ordulfus ducatum suscepit gubernandum, licet fortitudine et miliciae usu longe a felicitate paterna diverterit. Denique post mortem patris vix quinque transierunt anni, statim Slavi rebellare parantes primo omnium Godescalcum interfecerunt. Et quidem vir omni evo memorabilis propter fidem Deo et principibus exhibitam a barbaris occisus est, quos ipse nitebatur ad fidem convertere. Necdum enim completae sunt iniquitates Amorreorum, nec venit tempus miserendi eorum; ideo necesse fuit, ut venirent scandala, ut probati fierent manifesti. Passus est autem alter ille Machabeus in urbe Leontio, quae alio nomine Lenzin dicitur, VII. Idus Iunii cum presbitero Eppone, qui super altare immolatus est, et aliis multis, tam laicis, quam clericis, qui diversa pro Christo pertulerunt supplicia. Ansuerus monachus et cum eo alii apud Racesburg lapidati sunt. Idus Iulii passio eorum occurrit. Fertur idem Ansuerus, cum ad passionem venisset, flagitasse paganos, ut prius socii, quos timebat deficere, lapidarentur. Quibus coronatis ipse gaudens cum Stephano genua posuit.

Passio sancti Iohannis episcopi. Cap. XXIII.

Iohannes episcopus senex cum ceteris Christianis in Magnopoli, id est Mikilenburg, captus servabatur ad triumphum. Ille igitur pro confessione Christi fustibus cesus, deinde per singulas civitates Slavorum ductus ad ludibrium, cum a Christi nomine flecti non posset, truncatis manibus ac pedibus corpus eius in platea proiectum est. Caput vero desectum, quod barbari conto prefigentes in titulum victoriae Deo suo Radigasto inmolaverunt. Haec in metropoli Slavorum Rethre gesta sunt IIII. Idus Novembris.

Prima defectio Slavorum a fide. Cap. XXIIII.

Filia regis Danorum apud Mikilinburg civitatem Obotritorum nuda dimissa est cum ceteris mulieribus. Hanc enim, ut supra diximus, Godescalcus princeps habuit uxorem; a qua et filium suscepit Heinricum. Ex alia vero Butue natus fuit, magno uterque Slavis excidio genitus. Et Slavi quidem victoria potiti totam Hammemburgensem provinciam ferro et igne demoliti sunt, Sturmarii et Holzati fere omnes aut occisi aut in captivitatem ducti. Castrum Hammemburgense funditus excisum, et in derisionem salvatoris nostri etiam cruces a paganis truncatae sunt. Ipso eodemque tempore Sleswich, quae alio nomine Heidibo dicitur, civitas Transalbianorum, quae sita est in confinio regni Danici, opulentissima atque populosissima, ex improviso barbarorum incursu funditus excisa est. Impleta est nobis prophetia, quae ait: Deus, venerunt gentes in hereditatem tuam, polluerunt templum sanctum tuum et reliqua, quae prophetice deplorantur in Ierosolimitanae urbis excidio. Huius auctor cladis Blusso fuisse dicitur, qui sororem habuit Godescalci, domumque reversus et ipse obtruncatus est. Itaque omnes Slavi facta conspiracione generali ad paganismum denuo relapsi sunt, eis occisis, qui perstiterunt in fide. Dux Ordulfus in vanum sepe contra Slavos dimicans per XII annos, quibus patri supervixit, nullam umquam poterat obtinere victoriam, tociensque victus a paganis, a suis etiam derisus est. Accidit autem perturbacio haec in Slavorum provincia anno post incarnacionem Domini millesimo LX°VI°, anno regni Heinrici quarti VIII°. Et vacavit sedes Aldenburgensis annis octoginta IIIIor.

De Crutone. Cap. XXV.

Postquam igitur mortuus est Godescalcus, vir bonus et cultor Dei, ad filium eius Butue pervenit principatus eius hereditaria successio. Timentes autem hii qui patrem eius interfecerant, ne forte filius ultor paternae cedis fieret, concitaverunt tumultum in populo dicentes: 'Non hic dominabitur nostri, sed Cruto filius Grini. Quid enim proderit nobis occiso Godescalco libertatem armis attemptasse, si iste heres principatus extiterit? Iam enim plus iste nos affliget quam pater appositusque populo Saxonum novis provinciam involvet doloribus'. Statimque conspirata manu statuerunt Crutonem in principatum, exclusis filiis Godescalci, quibus iure debebatur dominium. Quorum iunior Heinricus nomine profugit ad Danos, eo quod regia Danorum stirpe esset oriundus; at senior Butue declinavit ad Bardos, querens auxilium a Saxonum principibus, quibus pater eius devotus semper et fidelis extiterat. Qui etiam rependentes beneficiis gratiam susceperunt pro eo prelium multoque expeditionum fatigio restituerunt eum in locum suum. At tamen status Buthue semper erat infirmus nec ad plenum roborari potuit, eo quod Christiano parente natus et amicus principum apud gentem suam ut proditor libertatis haberetur. Post eam victoriam enim, qua primum Godescalco interfecto Nordalbingorum provincia percussa est, Slavi servitutis iugum armata manu submoverunt, tantaque animi obstinatia libertatem defendere nisi sunt, ut prius maluerint mori quam Christianitatis titulum resumere aut tributa solvere Saxonum principibus. Hanc sane contumeliam sibimet parturivit infelix Saxonum avaritia, qui, cum adhuc virium suarum essent compotes et crebris attollerentur victoriis, non recognoverunt, quia Domini est bellum et ab ipso est victoria, quin potius Slavorum gentes, quas bellis aut pactionibus subegerant, tantis vectigalium pensionibus gravaverunt, ut divinis legibus et principum servituti refragari amara necessitate cogerentur. Luit hanc noxam Ordulfus Saxonum dux, qui derelictus a Deo, quamdiu patri supervixit, nullam contra Slavos victoriam consequi potuit. Unde etiam contigit, ut filii Godescalci, qui spem suam in duce posuerant, super baculum arundineum atque confractum innisi sunt.

Defuncto Ordulfo successit in principatum filius eius Magnus, natus de filia regis Danorum. Statimque in ipso principatus sui exordio ad subnervandos Slavorum rebelles animum et vires intendit, exacuente eum ad id Buthue filio Godescalci. At illi unanimiter refragari ceperunt, secuti Crutonem filium Grini, qui erat inimicicias exercens adversus Christianum nomen et honorem principum. Et primo quidem Buthue provincia pepulerunt, diripientes presidia, in quibus confugium habebat. Videns autem se principatu extorrem confugit ad ducem Magnum, qui tunc forte Lunenburg degebat, et allocutus est eum: 'Novit excellentia tua, virorum maxime, qualiter pater meus Godescalcus procurationem Slavicae provinciae ad honorem Dei et progenitoris tui fideliter semper intorserit, nichil pretermittens eorum quae ad cultum Dei et fidem principum iure pertinuerint. Ego quoque paternam emulans modestiam omni fide et devocione mandatis principum obsecundavi, infinitis me obiciens periculis, ut michi vel vacuum honoris nomen, vobis vero fructus permaneret. Qualis autem merces et me et patrem meum exceperit, neminem latet, cum illum quidem vita, me patria exemerint hostes nostri, hostes, inquam, non tantum nostri, sed etiam tui. Si igitur honorem tuum et salutem tuorum curare volueris, viribus et armis utendum est. Denique fortuna nostra in extremo sita est, et maturandum est, ne ultra progredientes inimici etiam Nordalbingorum provincia abutantur'. Hiis auditis dux respondit: 'Non possum hac vice ipse egredi, eo quod detinear magnis impedimentis, sed dabo tibi Bardos, Sturmarios, Holzatos atque Thethmarchios, quorum auxilio fretus hostium impetus ad tempus excipere valeas. Ego quoque, si necesse fuerit, quantocius subsequar'. Porro dies nuptiarum ad presens ducem vetabat.

L

Assumptis igitur Buthue fortissimis Bardorum transiit Albiam et precucurrit in terram Wagirorum. Nuntii quoque ducis percurrentes omnem Nordalbingorum provinciam urgebant populum egredi ad ferendum auxilium Buthue, qui expugnabatur ab hostibus. At ille preierat cum sexcentis et eo amplius viris armatorum, veniensque ad castrum Plunense urbem preter spem apertam et vacuam viris reperit. Quo cum intrasset, mulier Teutonica, quae inibi reperta fuit, locuta est ad eum: 'Accipe quod repererit manus tua et festina velociter egredi, quia per dolum actum est, ut urbs haec aperta et vacua custodibus dimitteretur. Audito enim introitu tuo, crastino cum maximo exercitu Slavi redibunt et urbem hanc obsidione concludent'. Qui verba referentis dissimulans per noctem in eodem castro remansit. Est autem urbs haec, ut hodie videri potest, lacu profundissimo undique inclusa, et commeantibus aditum pons longissimus continuat. Crastina igitur lucescente ecce Slavorum infinita agmina urbem, ut vespere predictum fuerat, obsidione vallaverunt. Provisum autem fuerat, ne navicula aliqua in omni insula illa inveniretur, per quam obsessis evadendi locus pateret. Buthue igitur cum sociis obsidionem cum magna famis difficultate sustinuit. Audito autem sinistro hoc nuntio Holzatorum, Sturmariorum necnon Thethmarchiae fortissimi acceleraverunt, ut urbem obsidione liberarent. Cumque pervenissent ad rivulum qui dicitur Suale, quique disterminat Saxones a Slavis, premiserunt virum gnarum Slavicae linguae, qui exploraret, quid Slavi agerent aut qualiter expugnacioni urbis instarent. Missus itaque vir ille a sociis pervenit ad exercitum Slavorum, qui cooperuerat faciem campi, preparans diversas machinas expugnacioni oportunas. Quos etiam his verbis alloquitur: 'Quid facitis, o viri, oppugnantes urbem et viros amicos principum et Saxonum? Non utique conatus iste cedet vobis in prosperum. Mandat autem vobis dux ceterique principum obsidione quantocius discedere. Quod si non feceritis, in brevi sentietis ultionem'. Qui cum anxie inquirerent, ubinam esset dux, respondit eum in proximis adesse cum armatorum infinita multitudine. Princeps igitur Slavorum Cruto assumpto seorsum nuntio percunctatus est ab eo cercius rei veritatem. Ad quem ille: 'Quid', inquit, 'dabis michi precii, si prodidero tibi ea, quae tu queris, et fecero te compotem voluntatis tuae super urbe hac et his qui sunt in ea?' At ille pactus est ei XXti marcas. Statim, ubi firmata sunt promissa, dixit traditor ille Crutoni et sociis eius: 'Dux iste, quem tu formidas, necdum transivit ripas Albiae detentus gravibus impedimentis; soli Sturmarii, Holzacii et Thethmarchi egressi sunt cum brevi numero; hos ergo facile uno verbo seducam et faciam redire ad loca sua'. His dictis transiit pontem et locutus est ad Buthue et ad socios eius: 'Consule saluti tuae et virorum qui tecum sunt, quia Saxones, in quibus tu habebas fiduciam, non venient hac vice succurrere tibi'. Tunc ille consternatus animo respondit: 'Heu me miserum, quare deseror ab amicis? Siccine Saxones optimi supplicem sui et auxilii indigum in tribulatione deserent? Male delusus sum, qui Saxonibus bona semper fiducia innitens nunc in extrema necessitate pessundatus sum'. Ad quem ille: 'Venit', inquit, 'dissensio in populum, et tumultuantes inter se reversi sunt unusquisque in domum suam. Alio igitur consilio tibi utendum est'. Confusisque taliter rebus nuntius ille ad suos reversus est, sciscitantibusque Saxonum expeditis, quidnam causae esset, respondit dicens: 'Veni ad castrum, ad quod misistis me, et nullum Dei gratia ibi periculum est nec ullus obsidionis timor. Quin pocius vidi Buthue et eos qui cum ipso sunt letos et nil habentes turbulentiae'. Atque in hunc modum retardavit exercitum, ne obsessis fierent presidio. Factus est vir ille Buthue et sociis illius materia perditionis. Statim enim, ubi obsessi traditoris dolo decepti a spe evasionis deciderunt, ceperunt perquirere ab hostibus, si aliquid pro vitae remedio acceptare vellent. Quibus illi responderunt: 'Nos aurum et argentum a vobis non recipimus, vitam tantum et membrorum integritatem postulantibus prebebimus, si exeuntes ad nos arma dederitis'. Hoc audito Buthue dixit ad socios: 'Durus nobis, o viri, sermo proponitur, ut exeuntes arma resignemus. Scio quidem, quia deditionem fames perurget; sed, si proposita nobis condicione inermes exierimus, nichilominus periculum subeundum erit. Fides enim Slavorum quam sit mobilis, quam incerta, sepius compertum habeo. Videtur igitur michi omnium saluti cautius esse dilacione adhuc, licet difficili, vitam redimere et expectare, si forte Deus alicubi auxiliatores nobis admittat' . Quo contra socii renisi sunt dicentes: 'Condicionem quidem, quae nobis ab hostibus offertur, ambiguam plenamque formidinis esse fatemur. Nec tamen ea abutendum est, eo quod presens periculum evitandi alia via non sit. Quid enim dilacio iuvat, ubi nemo est, qui obsidionem solvat? Atrociorem autem mortem fames quam gladius affert, meliusque est compendio vitam finire quam diu torqueri'.

De morte Buthue. Capitulum XXVI.

Videns igitur Buthue socios animis obfirmatos ad egrediendum iussit sibi cultiora exhiberi vestimenta, quibus indutus cum sociis egreditur. Transieruntque pontem bini et bini, dantes arma, atque in hunc modum perducti sunt in faciem Crutonis. Ubi igitur omnes presentati sunt, mulier quaedam prepotens de castro mandavit Crutoni ceterisque Slavis dicens: 'Perdite viros, qui se tradiderunt vobis, et nolite servare eos, quia intulerunt maximas violentias uxoribus vestris, quae derelictae fuerant cum ipsis in urbe, et auferte obprobrium vestrum. His auditis Cruto et socii eius statim insilierunt in eos omnemque multitudinem hanc interfecerunt in ore gladii. Et interfectus est Buthue et omne robur Bardorum coram castro Plune in die illa pariter. Invaluitque Cruto, et prosperatum est opus in manibus eius, obtinuitque dominium in universa terra Slavorum. Et attritae sunt vires Saxonum, et servierunt Crutoni sub tributo, omnis terra videlicet Nordalbingorum, quae disterminatur in tres populos: Holzatos, Sturmarios, Thethmarchos. Omnes hii durissimum servitutis iugum portaverunt omni tempore Crutonis. Et repleta est terra latrunculis facientibus mortes et captiones in populo Dei. Et devoraverunt gentes Saxonum toto ore. In diebus illis surrexerunt de populo Holzatorum amplius quam sexcentae familiae transmissoque amne abierunt via longissima querentes sibi sedes oportunas, ubi fervorem persecucionis declinarent. Veneruntque in montes Harticos et manserunt ibi ipsi et filii et nepotes eorum usque in hodiernum diem.

De constructione Hartesborch. XXVII.

Nil autem mirum, si in nacione prava atque perversa, in terra horroris et vastae solitudinis sinistri casus emerserunt, siquidem per omne regnum illis in diebus bellorum tempestates consurgebant. Regni enim gubernacula, quae regis Heinrici puericia non modice dissoluta fuerant, ipso adolente non minus invenere periculi. Statim enim, ut factus est vir et sublato pedagogo suimet compos effectus est, omnem gentem Saxonum atrociter persequi cepit. Denique Ottoni ducatum Bawariae, quia Saxo erat, abstulit et Welponi dedit. Post haec ad depressionem totius Saxoniae in Hartico clivo castrum firmissimum, quod dicitur Hartesberg, collocavit. Quam ob rem irati Saxonum principes et in unum conglobati castrum, quod ipsis propter iugum positum fuerat, ad solum diruerunt. Et obfirmati sunt animi Saxonum adversus regem; fueruntque eis principes Wicelo Magdeburgensis, Bucca Halverstadensis, Otto dux, Magnus dux, Udo marchio et alii multi nobiles. Ad quorum audaciam obtundendam rex celeriter cum exercitu venit adiuncto sibi Suevorum duce Rodulfo multisque regni principibus. Sed et Saxones nil morati viriliter occurrerunt in prelium, conveneruntque exercitus iuxta flumen Unstroth. Cumque non longe abesset pugna, factum est ex consilio utriusque partis, ut laudaretur pax usque post biduum, sperantes bellum pace sopiri. Saxones igitur pace delectati statim exuerunt se armis et diffusi sunt per latitudinem campi, figentes castra et curam corporis exequentes. Circa horam diei nonam videntes speculatores regis Saxones remissos et dispersos super faciem campi nichilque suspicantes mali, festinantes renuntiaverunt regi, quia Saxones se prepararent ad prelium. Itaque concitatus exercitus regis transmisso vado irruerunt super quietos et inermes prostraveruntque multa milia Saxonum in die illa.

Cum igitur Saxones pro tuenda libertate bellum adhuc intentarent, dux Suevorum, vir bonus et amator pacis, primum regio honori, deinde Saxonum saluti consulens apud Saxones obtinuit, ut se in potestatem regis contraderent principes eorum, Wicelo Magdeburgensis, Bucca Halverstadensis, Otto dux, Magnus dux, Udo marchio, interpositis scilicet conditionibus, ne aut captivitate gravarentur aut ullam sustinerent lesionis molestiam. Statim igitur, ubi Saxones consiliis illecti potestati regiae se tradiderunt, ille iussit eos artiori custodiae mancipari, non reveritus promissionum fidem. Et contristatus est Rodulfus dux, eo quod promissa implere non potuisset.

De publica penitentia Heinrici regis. Cap. XXVIII.

Post paucos autem dies principes Saxonum preter voluntatem regis captivitate absoluti in propria reversi sunt nec unquam decetero promissionibus regis fidem prebuerunt. Missa igitur relacione Saxonum principes ad apostolicam sedem conquesti sunt reverentissimo papae Gregorio, qualiter rex divinae legis contemptor ecclesiis Dei in statuendis episcopis omnem canonicae electionis libertatem adimeret, ponens per violentiam episcopos quos voluisset, insuper quod more Nicolaitarum de uxore sua publicum fecisset prostibulum, subiciens eam per vim aliorum libidini, aliaque perplurima, quae inconvenientia visa sunt et auditu difficilia. Quam ob rem domnus apostolicus zelo iusticiae permotus missis legatis vocavit regem ad apostolicae sedis audientiam. Qui secundam et terciam vocacionem dissimulans, ad ultimum familiarium consiliis astrictus timentium, ne regno iuste deponeretur, ivit Romam, ubi super his, unde iuste pulsabatur, sese pastoris permisit arbitrio. Accepit igitur in mandatis, ut anno integro Roma non discederet, equum non ascenderet, sed in veste humili circuiret limina ecclesiarum, orationibus et ieiuniis reddens dignum penitentiae fructum. Quod rex humiliter adimplere sategit.

Videntes igitur cardinales et hii qui de curia sunt, quia pre timore sedis apostolicae contremiscunt potestates et curvantur hii qui portant orbem, suggerunt apostolico, ut transferat regnum ad alium virum, dicentes indignum esse, ut talis regnet, qui de publicis convictus est facinoribus. Percunctanti igitur apostolico, quisnam in Alemannia dignus esset tanto culmine, designatus est dux Suevorum Rodulfus, quod scilicet fuerit vir bonus, amator pacis et circa cultum sacerdotii et ecclesiarum optime affectus. Cui domnus papa auream transmisit coronam hoc versu intitulatam:

Petra dedit Romam Petro, tibi papa coronam.

Precepitque Mogontino et Coloniensi ceterisque episcopis et principibus, ut adiuvarent partes Rodulfi et statuerent eum in regem. Quotquot igitur receperunt verbum domni papae, elegerunt Rodulfum in regem, additique sunt parti eius Saxones et Suevi. Ceteri principum civitatesque quae sunt circa Renum non receperunt eum omnesque Francorum populi, eo quod iurassent Heinrico et iuramenta temerare noluissent. Porro Heinricus consistebat apud Romam mandatis obsecundans ignarusque malorum, quae adversus ipsum agebantur.

Capitulum XXVIIII.

Surrexit igitur quidam Straceburgensis episcopus, amicissimus regis Heinrici, et velociter vadens Romam diu quesitum regem invenit inter memorias martyrum deversantem. De cuius adventu rex letior effectus cepit percunctari de statu regni, aut si omnia in pace consisterent. Cui ille intimavit novum principem electum factuque opus esse, ut quantocius Teutonicam terram reviseret ad confortandos amicorum animos et conatus hostium comprimendos. Cumque rex pretenderet nequaquam sibi sine licentia sedis apostolicae abeundum, ille respondit: 'Noveris certe omne hoc conspirationis malum de fonte Romanae perfidiae manasse; immo si captionem evadere voles, de Urbe tibi clanculo exeundum est'. Egressus igitur noctu rex exiit Italiam firmatisque pro tempore rebus in Longobardia venit in Teutonicam terram. Letatique sunt de insperato adventu principis omnes civitates Reni et universi qui favebant parti eius. Congregavitque exercitum grandem, ut expugnaret Rodulfum, fuitque cum eo famosissimus ille dux Godefridus, qui postea liberavit Ierusalem, multique potentum. Saxonum vero atque Suevorum exercitus erant cum Rodulfo. Pugnaverunt igitur reges mutuo, et victa est pars Rodulfi, cecideruntque Saxones et Suevi. Porro Rodulfus vulneratus in manu dextra fugit Marcipolim mortique iam proximus dixit ad familiares suos: 'Videtis manum dexteram meam de vulnere sauciam? Hac ego iuravi domno Heinrico, ut non nocerem ei nec insidiarer gloriae eius. Sed iussio apostolica pontificumque peticio me ad id deduxit, ut iuramenti transgressor honorem michi indebitum usurparem. Quis igitur finis nos exceperit, videtis, quia in manu, unde iuramenta violavi, mortale hoc vulnus accepi. Viderint ergo hii qui nos ad hoc instigaverunt, qualiter nos duxerint, ne forte deducti simus in precipicium eternae dampnacionis'. Et haec dicens cum gravi molestia diem clausit extremum.

Capitulum XXX.

Tunc rex Heinricus prosperis elatus successibus grande episcoporum collegit concilium ibique Gregorium papam velut regni traditorem et ecclesiasticae pacis perturbatorem dampnari fecit. Inde grandi collecta expedicione transiit in Italiam, occupansque matrem imperii Romam multisque civium ibidem interfectis fugavit inde Gregorium, potitusque ad votum Urbe et senatu Wibertum Ravennae sedis episcopum ordinari fecit in papam; a quo etiam benedictione percepta, a populo Romano salutatus est imperator et augustus. Factumque est verbum hoc in laqueum magnum in Israel, siquidem ex illa die orta scismata in ecclesia Dei, qualia non fuerunt a diebus antiquis. Et hii quidem, qui videbantur perfectiores et columpnae in domo Dei, adheserunt Gregorio, ceteri, quos aut timor aut favor cesareus agebat, secuti sunt Wibertum, qui et Clemens; duravitque scisma hoc XXV annis. Defuncto enim Gregorio successit Desiderius, post quem Urbanus, deinde Paschalis, qui omnes imperatorem cum papa suo excommunicacionis sententia dampnaverunt, continentes se apud reges Franciae, Siciliae et Hispaniae, qui catholicam partem tueri videbantur.

Saxones quoque, postquam de cede vires recuperaverunt, statuerunt sibi regem Hermannum quendam cognomento Clufloch et instauraverunt prelium adversus Heinricum cesarem. Cumque Saxonum novus princeps secundo potitus victoria castrum quoddam victor ingrederetur, contigit miro Dei iudicio, ut porta cardinibus avulsa regem cum aliis quam pluribus attriverit, conatusque Saxonum etiam tunc frustratus concidit; nec adiecerunt ultra novum creare regem nec arma ferre adversus Heinricum cesarem, videntes ei regnum conservari divina voluntate approbante sive permittente.

De epistola Petri monachi. Capitulum XXXI.

Res digna relatu posteritatisque memoria contigit in diebus Heinrici senioris novissimis. Nam Petrus quidam, genere Hispanus, professione monachus, ingressus fines Romani imperii vocem predicationis emisit in universo regno, adhortans populos ire Iherosolimam pro liberacione civitatis sanctae, quae tenebatur a barbaris. Protulit autem epistolam, quam de celo affirmavit allatam, in qua continebatur scriptum, quia impleta sunt tempora nacionum, et liberanda esset civitas, quae calcabatur a gentibus. Tunc igitur universarum regionum potestates, episcopi, duces, prefecti, militares viri necnon plebei, abbates, monachi aggressi sunt iter illud Ierosolimitanum sub duce fortissimo Godefrido fretique divinae virtutis auxilio Niceam, Antiochiam multasque civitates a barbaris possessas receperunt. Inde progressi civitatem sanctam de manu barbarorum liberaverunt, et cepit deinceps pullulare in eodem loco incrementum divinae laudacionis, et adoratur Deus a populis terrarum in loco ubi steterunt pedes eius.

Deiectio Heinrici imperatoris. Capitulum XXXII.

Post tempora dierum illorum mortuus est Wibertus, qui et Clemens, et sopita sunt scismata, et rediit universa ecclesia ad Paschalem, et factum est unum ovile et unus pastor. Igitur ubi firmatus est Paschalis in sede, precepit excommunicari imperatorem ab universis episcopis et catholicae ecclesiae cultoribus, et eo usque haec sententia invaluit, ut collecta generali curia principes Heinrico dyadema tollendum et ad filium eius equivocum transferendum decernerent. Erat autem idem iam dudum ex peticione patris designatus in principem.

Missi igitur a principibus venerunt ad regem, qui tunc forte consistebat in corte regia Hingelesheim, Mogontinus, Coloniensis, Wormaciensis et pertulerunt ad eum mandatum ex ore principum dicentes: 'Fac nobis reddi coronam, anulum et purpuram ceteraque ad investituram imperialem pertinentia, filio eius deferenda'. Illo percunctante deiectionis suae culpam responderunt dicentes: 'Quid queris ea, quae optime nosti? Meministi, qualiter universa ecclesia tui causa maximo scismatis errore multis iam annis laboraverit, qualiter episcopatus, abbatias, preterea omnia ecclesiae regimina fecisti venalia, nec fuit in constituendis episcopis ulla legitimae electionis facultas, sed sola pecuniae racio! Pro his et aliis causis sanxit auctoritas apostolica, favitque principum unanimitas te non solum regno, verum et ecclesiastica communione privandum'. Quo contra rex ait: 'Dicitis, quia spiritales dignitates precio vendiderimus. Vestra quidem potestas est tale nobis crimen inpingere. Dic igitur, o Mogontine, dic adiuratus per nomen eterni Dei, quid exegimus aut recepimus, quando te Maguntiae prefecimus? Tu quoque, Coloniensis, per fidem te contestamur, quid nobis dedisti pro sede, cui nostra munificentia presides?' Illis fatentibus nil pecuniae huius rei gratia aut oblatum aut acceptum, rex ait: 'Gloria Deo, quia vel in hac parte fideles inventi sumus. Certe dignitates hae duae prestantissimae sunt et magnum questum camerae nostrae referre poterant. Porro domnus Wormatiensis qualis a nobis susceptus, ad quid promotus, si pietate vel questu erga ipsum usi fuerimus, nec vos nec ipsum latet. Condignam igitur beneficiis nostris rependitis gratiam! Nolite, queso, effici participes eorum, qui levaverunt manus adversus dominum et regem suum et temeraverunt fidem et iuramentorum sacramenta. Ecce iam defecimus, parumque nobis viae restat, senio et labore confectis; sustinete modicum et nolite gloriam nostram confusione terminare! Si autem nobis cedendum omnino esse dicitis, et manet fixa sententia, prefigantur induciae, statuatur dies placiti; si curia adiudicaverit, filio nostro coronam manibus propriis resignabimus. Generalem itaque curiae audientiam expetimus'. Illis econtrario nitentibus et dicentibus se negocium, pro quo missi fuerant, fortiter expleturos, rex parumper avulsus ab eis fidelium suorum participavit consilio. Vidensque, quia legati venissent milicia stipati, et non esset locus resistendi, fecit sibi regiam exhiberi preparaturam, qua indutus et in sedem receptus legatos alloquitur dicens: 'Haec quidem imperialis honoris insignia michi prestitit eterni regis pietas et principum regni electio concors. Potens est autem Deus, qui me ad hoc culmen sua dignatione provexit, michi conservare quod concessit manusqae vestras a cepto opere cohibere. Divino enim presidio nos enixius inniti oportet, omni scilicet milicia et armis destitutos. Hactenus quidem externis bellis impliciti semper in custodiae nostrae diligentia constitimus, omnes impugnacionum iacturas propicia divinitate partim consilio, partim virtute prelii evincentes. Hoc autem intestinum malum sicut nec suspectum habuimus, ita nec precavimus. Quis enim in orbe Christiano tantum nefas consurgere crederet, ut iurata principi sacramenta fidelitatis irritentur, suscitetur filius adversus patrem, postremo nulla beneficiis gratia, honestati reverentia exhibeatur? Certe maiestas imperatoria eam etiam erga hostes honestatis disciplinam servare consuevit, ut proscribendis sive dampnandis vocacionum sive induciarum remedia non negaverit, ante premuniens quam feriens, prius invitans ad gratiam quam dampnans per sententiam. At nobis contra fas vocaciones et audientia negantur, ideoque prefocamur, ne audiamur. Quis tantam mentis alienationem a fidissimis amicis, maxime vero a pontificibus crederet? Dominum igitur, factorem orbis, vobis proponimus, ut ipsius terror vos coherceat, quos pietas non revocat. Quod si nec Deum nec honestatem vestram reveremini, ecce presentes sumus, violentiam explodere non possumus, necessarium est vim sustinere, cui refragari locus non est'. Ceperunt igitur pontifices hesitare, quid agerent: magnarum enim rerum ingressus semper difficiles sunt. Tandem Mogontinus allocutus est socios dicens: 'Quousque trepidamus, o socii? Nonne officii nostri est regem consecrare, consecratum investire? Quod igitur principum decreto impendere licet, eorumdem auctoritate tollere non licet? Quem meritum investivimus, inmeritum quare non divestiamus?' Statimque accepto conamine regem aggressi sunt eique coronam de capite abruperunt, deinde sublatum de sede purpura ceterisque quae ad sacram vestituram pertinent funditus exuerunt. Tunc rex confusione circundatus ait ad eos: 'Videat Deus et iudicet, quia inique agitis contra me. Ego quidem luo peccata adolescentiae meae, recipiens a Domino stateram equi ponderis, ignominiam et confusionem, quantam nemo regum, qui ante me fuerunt, sustinuisse dinoscitur. Non vos tamen ideo inmunes a peccato, qui levastis manus adversus dominum vestrum et prevaricati estis iusiurandum, quod iurastis. Videat Deus et ulciscatur in vos, Deus, inquam, ultionum dominus. Non consurgatis neque crescatis, neque prosperetur honor vester, sitque portio vestra cum eo qui tradidit Christum dominum'. At illi obturantes aures suas perrexerunt ad filium, deferentes ei imperialia firmantesque eum in regnum.

Capitulum XXXIII.

Surrexit igitur filius adversus patrem et expulit eum a regno. Ille fugiens a facie filii sui pervenit ad ducatum qui dicitur Linthburg, pergens et accelerans, ut evaderet manus querentium animam ipsius. Erat autem in regione illa princeps nobilis, quem cesar adhuc sui compos ducatu de Linthburg destituerat et alii dederat. Accidit igitur, ut idem princeps forte venacioni deditus esset prope viam, cum cesar transiret comitatus viris novem, animadvertitque, quia fugeret a facie filii sui. Iam enim aliquid auditum fuerat; sedensque in equo assumptis militibus insecutus est regem velocius. Quem videns cesar et reputans hostem cepit metuere de vita et exclamans voce magna cepit postulare veniam. At ille [regem agnoscens]: 'Male', inquit, 'domine, erga me veniam meruistis, qui supplicanti quondam omnem negastis gratiam et abstulistis michi ducatum meum'. 'Hoc est', ait cesar, 'quod nunc luo, quia filius meus surrexit contra me, et depulsus sum ab omni honore meo'. Videns igitur princeps ille regem desolatum, miseracione commotus, ait ad eum: 'Licet quidem potestate vestra in me abusus fueritis, Deus tamen novit, quia magna super vos penitudine movear. Cumque cesar diceret se ignorare, eo quod necdum esset temptatum, ille ait: 'Potens est Deus adhuc resarcire honorem vestrum, eo quod inique actum sit adversum vos. Facite igitur quod suadeo, ascendite urbem hanc et habete corporis fessi curam, mittamusque ad regiones et civitates temptare, si possimus alicubi invenire auxilium. Forsitan enim non ex toto defecit iusticia a filiis hominum'. Nec mora, misit circumquaque pro militibus collegitque quasi octingentos loricatos, assumptumque cesarem perduxit in civitatem magnam Coloniam. Colonienses vero receperunt eum. Quod cum audisset filius, venit cum exercitu grandi et obsedit Coloniam. Cumque obsidio vehementer incresceret, cesar timens civitati noctu elapsus fugit Leodium. Et convenerunt illic ad eum omnes viri constantes et quorum corda miseratio tetigerat. Perspectoque auxiliatorum numero dimicare statuit. Quem cum filius persequeretur in manu gravi, ille egressus est in occursum eius ad aquas Masanas. Rogavitque principes et omne robur exercitus sui dicens: 'Si fortissimus Deus nos hodie adiuverit in prelio, factique fuerimus in conflictu superiores, servate michi filium meum et nolite interficere eum'. Commissum est igitur prelium, et prevalens pater fugavit filium trans pontem, multique illic occisi gladio, plures aquis prefocati sunt. Rursus instauratum est prelium, et cesar senior victus, conclusus, comprehensus est. Quantas autem contumelias, quanta obprobria vir iste magnificus in illis diebus pertulerit, sicut relatu difficile, ita auditu lamentabile est. Insultabant ei amici, illudebant ei nichilominus inimici. Denique, ut aiunt, pauperculus quidam, sed litteratus, coram omnibus adorsus est eum dicens: Inveterate dierum malorum, nunc venerunt peccata tua, quae prius operabaris, iudicans iudicia iniusta, obprimens iustum et dimittens noxium. Cui cum

LXIV

astantes irascerentur, viri scilicet sensati, cesar compescuit eos dicens: 'Nolite, queso, irasci in eum. Ecce filius meus, qui egressus de utero meo querit animam meam, quanto magis alienus? Sinite eum, ut maledicat, quia voluntas Dei est'. Erat autem illic episcopus Spirensis, cesari quondam dilectissimus; nam et templum ingens Dei genitrici apud Spiram construxerat, preterea civitatem et episcopium decenter promoverat. Dixit igitur cesar ad amicum suum episcopum de Spira: 'Ecce destitutus de regno decidi a spe, nichilque michi utilius est quam renuntiare miliciae. Da igitur michi prebendam apud Spiram, ut sim famulus dominae meae Dei genitricis, cui devotus semper extiti. Novi enim litteras et possum adhuc subservire choro'. Ad quem ille: 'Per matrem', inquit, 'Domini, non faciam tibi quod petis'. Tunc cesar suspirans et illacrimans ad circumstantes ait: Miseremini mei, miseremini mei vos saltem, amici mei, quia manus Domini tetigit me.

Mortuus est autem cesar eo tempore Leodii, stetitque corpus eius inhumatum in capella quadam deserta V annis. Tanta enim severitate domnus papa et ceteri adversarii eius in ipsum ulti sunt, ut mortuum vel humari non sinerent. O magna Dei iudicia, quae completa sunt in tam prepotenti viro! Sperandum autem, quod caminus ille tribulacionis decoxerit in eo scoriam, tulerit rubiginem; quociens enim in presenti iudicamur, a Domino corripimur, ut non cum hoc mundo dampnemur. Fuit autem ecclesiis admodum bonus, his videlicet, quas sibi fideles persensit. Porro Romanum antistitem Gregorium et ceteros insidiatores honoris sui sicut infestos habuit, ita etiam infestare studuit. Impulit eum ad hoc, ut multi dicunt, gravis necessitas. Quis enim vel minimam honoris sui iacturam equanimiter ferat? Legimus autem, quia multi peccaverunt, quibus tamen subventum est penitentiae remedio. Certe David peccans et penitens rex et propheta permansit. Rex autem Heinricus ad vestigia apostolorum iacens, orans et penitens, gratis pessundatus est nec invenit tempore gratiae, quod ille obtinuit duro legis tempore. Sed disputaverint de his qui scierint vel ausi fuerint. Unum hoc scire licet, quia Romana sedes adhuc hodie luit factum illud. A tempore enim illo quotquot regnant de stirpe illa omnibus modis nituntur humiliare ecclesias, ne resumant vires consurgendi adversus reges nec inferre quae intulerunt patribus eorum.

Regnavit autem Heinricus iunior pro patre suo, fuitque concordia inter regnum et sacerdocium, sed non multo tempore. Nam nec ipse prosperatus est in omni vita sua, irretitus similiter ut pater eius a sede apostolica. De quibus suo loco dicendum est. His igitur de perturbacionibus imperii et variis Saxonum bellis necessario prelibatis, eo quod Slavis causam defectionis vel maximam prebuerint, iam nunc redeundum est ad hystoriam Slavorum, unde longius digressus sum.

De morte Crutonis. Capitulum XXXIIII.

Factum est autem, postquam Cruto Slavorum princeps et Christiani nominis persecutor confectus est senio, Heinricus filius Godescalci egressus est Dacia et reversus est in terram patrum suorum. Cui cum Cruto introitum precluderet omnem, ille collecto de Danis simul atque Slavis navium numero percussit Aldenburg et omnem maritimam Slavorum provinciam duxitque de eis infinitam predam. Et cum hoc secundo et tercio fecisset, factus est timor magnus omnibus Slavorum populis insulas et litus maris habitantibus, adeo ut ipse Cruto preter spem Heinricum ad pacis condicionem admitteret et concesso introitu villas ei oportunas ad habitandum concederet. Nec tamen hoc egit sincera intentione. Virum enim iuvenem, fortem et bellicosum, quem vi nequibat, fraude opprimere gestiebat. Unde etiam per intersticia temporum accuratis conviviis animum eius explorabat, pertemptans oportunum insidiis locum. At illi ad cavendum nec consilium nec doli deerant. Nam domna Slavina, uxor Crutonis, sepius illum premunivit denuntians insidias. Denique marito iam vetulo invisa Heinrico, si possibile foret, nubere affectabat. Unde etiam instinctu eiusdem feminae Heinricus invitavit Crutonem ad convivium, quem multa pocione temulentum, cum estuarium, in quo bibebant, incurvus exiret, Danus quidam de securi percussit et uno ictu caput amputavit. Et accepit Heinricus Slavinam in uxorem et obtinuit principatum et terram. Occupavitque municiones, quas ante habuit Cruto et reddidit hostibus suis ultionem.

Accessit etiam ad ducem Magnum, eo quod cognatus eius esset, et magnificatus est apud eum, fecitque ei iuramentum fidelitatis ac subiectionis. Sed et Nordalbingorum populos, quos Cruto vehementer attriverat, iste convocavit in unum et iniit cum eis pactum firmissimum, nulla bellorum tempestate convellendum. Et letati sunt Holzatenses necnon Sturmarii ceterique Saxones Slavis contigui, eo quod corruisset hostis eorum maximus, qui tradidisset eos in mortem et in captionem et in exterminium, et surrexisset pro eo princeps novus, qui diligeret salutem Israel. Servieruntque ei ex animo, properantes cum eo ad varia bellorum pericula, parati cum eo aut vivere aut mori fortiter. Audientes igitur universi Slavorum populi, hii videlicet qui habitabant ad orientem et austrum, quod surrexisset inter eos princeps, qui dicat subiacendum Christianis legibus et tributa principibus solvenda, vehementer indignati sunt, conveneruntque omnes una voluntate et eadem sententia, ut pugnarent adversus

LXVII

Heinricum, et statuerunt in locum eius, qui erat Christicolis obpositus omni tempore. Nuntiatumque est Heinrico, quia egressus est Slavorum exercitus ad destruendum eum, et statim direxit nuntios ad accersiendum ducem Magnum et fortissimos Bardorum, Holzatorum, Sturmariorum atque Thetmarcorum, qui omnes occurrerunt promto animo et voluntario corde. Et progressi sunt in terram Polaborum in campum qui dicitur Zmilowe, ubi exercitus hostilis erat diffusus super latitudinem terrae. Videns igitur Magnus, quia exercitus Slavorum grandis est et armis instructus, timuit congredi. Protractumque est bellum a mane usque ad vesperam, eo quod internuntii temptarent pugnam condicionibus dirimere, dux quoque expectaret auxilium militum, quos superventuros sperabat. Factum est autem circa occasum solis, et ecce speculator ducis nuntiat miliciam armis instructam eminus accedentem. Quibus visis dux letatus est, Saxonibus augescunt animi sublatoque clamore aggressi sunt prelium. Et prerupta est acies Slavorum, disiectique per fugas occisi sunt in ore gladii. Et facta est victoria illa Saxonum celebris et recordacione digna, eo quod affuerit Dominus credentibus in se et concluserit multitudinem in manu paucorum. Referunt hii, quorum patres interfuerunt, quia solis splendor iam occumbentis obiectos Slavorum oculos in congressu adeo obtuderit, ut pre lumine nichil videre potuissent, fortissimo Deo hostibus suis in minimo maximum prebente offendiculum. Servieruntque a die illa omnes illae orientalium Slavorum naciones Heinrico sub tributo, factusque [est] apud Slavorum gentes notissimus, in his quae ad honestatem et pacis bonum pertinent nobiliter clarens. Precepitque Slavorum populo, ut coleret vir agrum suum et exerceret laborem utilem et commodum, exstirpavitque latrunculos et viros desertores de terra. Et exierunt Nordalbingorum populi de munitionibus, in quibus conclusi tenebantur propter timores bellorum, et

reversi sunt unusquisque in villam et possessionem
suam, et reedificatae domus et ecclesiae bellorum
tempestatibus dudum dirutae. Porro in universa Slavia
necdum erat ecclesia vel sacerdos, nisi in urbe tantum
quae nunc Vetus Lubika dicitur, eo quod Heinricus cum
familia sua sepius illic moraretur.

De morte Godefridi comitis. Capitulum XXXV.

Mortuus est post haec dux Saxoniae Magnus, et dedit
cesar ducatum Ludero comiti, eo quod Magnus non
haberet filium, sed filias. Quarum una, Eilike nomine,
nupsit Ottoni comiti genuitque ei Adalbertum
marchionem cognomento Ursum. Altera vero filiarum
Vulfildis nomine data est duci Bawariae Catulo, quae
peperit ei Heinricum Leonem. Luderus autem obtinuit
ducatum Saxoniae gubernavitque cum modestia tam
Slavos quam Saxones.

Accidit autem in diebus illis, ut latrunculi Slavorum
venirent in Sturmariam et tollerent predam de iumentis et
captiones hominum prope civitatem Hammemburg. Ad
vocem autem clamoris surrexit comes provinciae illius
Godefridus cum aliquantis civium de Hammemburg et
persecutus est latrones. Sentiens autem, quia multi sunt,
substitit aliquantisper, donec veniret ei maius auxilium.
Preteriens igitur rusticus quidam, cuius uxor et filii
captivi ducebantur, increpuit comitem dicens: 'Quid
trepidas, o virorum vilissime? Habes cor muliebre, non
virile! Certe, si videres uxorem tuam et filios abduci
sicut meos, non subsisteres. Propera, festina, libera
captivitatem, si de cetero in terra honorari volueris'! His
verbis irritatus comes abiit velociter sequens hostes. At
illi posuerant post se insidias, et cum preteriret comes
cum paucis, surrexerunt insidiae de locis suis
percusseruntque comitem et cum eo viros quasi XXti et

abierunt via sua cum preda, quam rapuerant. Provinciales autem pariter insequentes invenerunt comitem interfectum; caput vero eius non reppererunt, eo quod desectum Slavi illud secum duxissent. Quod postmodum multo precio redemptum in patriis reconditum est sepulcris.

De interfectione Rugianorum. Capit. XXXVI.

Comiciam vacantem dedit Luderus dux nobili viro Adolfo de Scowenburg. Fuitque pax inter Adolfum comitem et principem Slavorum Heinricum. Quodam igitur tempore, cum Heinricus resideret in urbe Lubeke, ecce improvisus supervenit exercitus Rugianorum sive Ranorum, subvectique per alveum Trabenae urbem navibus circumdederunt. Sunt autem Rani, qui ab aliis Runi appellantur, populi crudeles, habitantes in corde maris, ydolatriae supra modum dediti, primatum preferentes in omni Slavorum nacione, habentes regem et fanum celeberrimum. Unde etiam propter specialem fani illius cultum primum veneracionis locum optinent, et cum multis iugum imponant, ipsi nullius iugum paciuntur, eo quod inaccessibiles sint propter difficultates locorum. Gentes, quas armis subegerint, fano suo censuales faciunt; maior flaminis quam regis veneracio apud ipsos est. Qua sors ostenderit, exercitum dirigunt. Victores aurum et argentum in erarium Dei sui conferunt, cetera inter se partiuntur. Hii ergo dominacionis libidine provocati venerunt Lubeke, veluti possessuri omnem Wagirensium et Nordalbingorum provinciam. Videns autem Heinricus improvisum obsidionis malum dixit ad principem miliciae suae: 'Consulendum est saluti nostrae et virorum, qui nobiscum sunt, et necessarium michi videtur, ut exeam ad contrahenda auxilia, si forte possim urbem obsidione liberare. Esto igitur vir fortis et conforta bellatores, qui in urbe hac sunt, et servate michi urbem usque in diem quartum. Tunc enim vita comite apparebo super montem illum'. Et elapsus nocte cum duobus viris venit in terram Holzatorum, nuntians eis inminens periculum. At illi in unum conglobati occurrerunt cum eo ad prelium veneruntque prope municionem, quae expugnabatur ab hostibus. Et collocavit Heinricus socios in latibulis precepitque eis in silentio esse, ne forte hostes audirent vocem multitudinis aut hynnitum equi. Avulsusque a sociis, uno tantum contentus servo, venit ad locum, quem prefixerat, unde videri posset ab urbe. Cuius faciem prefectus urbis callide observans ostendit eum amicis, quorum animi consternati erant. Nam fama pertulerat ad eos, quod Heinricus nocte, qua egressus est, captus esset ab hostibus. Contemplatus igitur Heinricus suorum periculum et obsidionis fervorem reversus est ad socios, dissimulatoque itinere circumduxit exercitum per viam maris usque ad ostium Travenae descenditque per viam, qua Slavorum equites descendere debebant. Ubi igitur Rani viderunt multitudinem per iter maris descendentem, putabant, quia equites sui sunt, exieruntque de navibus in occursum eis cum gaudio et plausu. At illi sublato clamore in oratione et ymnis insiluerunt in hostes subito et perterritos inopinato casu ad naves usque propulerunt. Et facta est ruina magna in exercitu Ranorum in die illa, ceciderentque interfecti coram castro Lubeke, nec fuit minor numerus eorum qui aquis prefocati sunt quam occisorum gladio. Feceruntque tumulum magnum, in quo proiecerunt corpora mortuorum, et in monimentum victoriae vocatus est titulus ille Raniberg usque in hodiernum diem. Magnificatusque est dominus Deus in manu Christianorum in die illa, statueruntque, ut dies Kalendarum Augusti celebretur omnibus annis in signum et recordationem, quod percusserit Dominus Ranos in conspectu plebis suae. Servieruntque Ranorum populi Heinrico sub tributo, quemadmodum Wagiri, Polabi,

Obotriti, Kycini, Cyrcipani, Lutici, Pomerani et universae Slavorum naciones, quae sunt inter Albiam et mare Balthicum et longissimo tractu portenduntur usque ad terram Polonorum. Super omnes hos imperavit Heinricus vocatusque est rex in omni Slavorum Nordalbingorum provincia.

De victoria Mistue. Capitulum XXXVII.

Cum igitur vice quadam Brizanorum et Stoderanorum populi, hii videlicet qui Havelberg et Brandenburg habitant, rebellare pararent, visum fuit Heinrico armis adversus eos utendum, ne forte duarum gentium insolentia toto orienti rebellionis materiam parturiret. Perrexit cum amicissimis suis Nordalbingorum armatis peragransque Slavorum provinciam cum ingenti periculo venit Havelberg eamque obsidione vallavit. Precepitque omni Obotritorum populo, ut descenderent ad expugnationem urbis, et crevit obsidio in dies et menses. Interea perlatum est ad Mistue filium Heinrici, quod gens quaedam foret e vicino, fertilis omnibus bonis, habitatoresque eius quieti et nullius turbulentiae suspecti. Porro Slavi illi dicti sunt Lini sive Linoges. Assumpsitque secum ducentos Saxonum et trecentos Slavorum, omnes electos, et abiit inconsulto patre iter bidui per angustias nemorum et difficultates aquarum et paludis maximae, irruitque super securos et impavidos et duxit ex eis infinitam predam et captivitatem hominum, abieruntque onusti. Cumque maturantes reditum difficiliora paludis transirent, ecce circumiacentium locorum incolae pariter conglobati ad pugnam proruunt, volentes captivitatem liberare. Videntes igitur hii qui erant cum Mistue se inmensa multitudine hostium circumfusos viamque ferro aperiendam, adhortati sunt se mutuo totisque viribus enisi omnem obsistentium multitudinem peremerunt in ore gladii. Preterea principem eorum captivum secum abduxerunt veneruntque ad Heinricum et exercitum, qui erat in obsidione, cum salute victoriam et divitias maximas reportantes. Post paucos autem dies Brizani ceterique rebelles pacem postulaverunt, datis obsidibus quos Heinricus voluisset; atque in hunc modum sedatis rebellibus Heinricus ad sua reversus est, Nordalbingorum quoque populi ad sedes suas reversi sunt.

Expedicio Slavorum in terram Ruianorum. Capitulum XXXVIII.

Accidit post haec, ut unus filius Heinrici Woldemarus nomine occideretur a Ranis. Quam ob rem pater dolore pariter et ira permotus omnem animum intendit ad rependendam talionem. Misitque nuntios in universas Slavorum provincias ad contrahenda auxilia; conveneruntque omnes pari voluntate eademque sententia, ut parerent iussionibus regis expugnarentque Ranos, et fuerunt innumerabiles quasi arena maris. Nec his contentus misit ad accersiendos Saxones, eos scilicet qui de Holzatia et Sturmaria sunt, commonens eos privatae amiciciae, et secuti sunt eum pleno corde numero quasi mille sexcenti. Transitoque flumine Trabena abierunt per longissimos fines Polaborum et eorum qui dicuntur Obotriti, quousque pervenirent ad Penem fluvium. Quo transmisso direxerunt iter ad urbem quae dicitur Woligost, apud urbaniores vocatur Iulia Augusta propter urbis conditorem Iulium Cesarem. Illic invenerunt Heinricum expectantem eos. Et pernoctaverunt figentes castra non longe a mari. Mane autem facto convocans Heinricus populum in concionem allocutus est eos dicens: 'Magna vobis, o viri, debetur gratulacio, qui ad ostensionem benivolentiae vestrae et fidei invictae longius venistis, laturi nobis opem contra hostes sevissimos. Sepius quidem accepi gustum audaciae vestrae et fidelitatis experientiam, quae in diversis periculis michi frequens lucrum, vobis gloriam parturisse dinoscitur. Sed nichil ita elucet sicut huius devocionis exhibicio, semper memoriter retinenda, semper omni studio promerenda. Notum igitur vobis cupio, quod Rani, ad quos modo tendimus, directis ad me nocte nuntiis ducentis marcis pacem obtinere querunt. Super hac re nichil michi sine vestro consilio definiendum est; si decreveritis acceptandum, acceptabo; si recusandum, recusabo'. Ad quod responderunt Saxones dicentes: 'Nos quidem, o princeps, licet numero pauci simus, honoris tamen atque virtutis cupidi gloriam pro questu maximo duximus. Ranos igitur, qui filium tuum occiderunt, pro ducentis marcis in gratiam recipiendos nostro consilio dicis? Revera nomini tuo magno condigna satisfactio! Absit a nobis talis iniuria, ut unquam facto huic assentiamus; nec enim ideo uxores, filios, denique patrias sedes reliquimus, ut hostibus cavillationem et filiis nostris obprobrium sempiternum hereditemus. Quin potius perge ut cepisti, transi mare, utere ponte, quem stravit tibi bonus artifex, admove inimicis tuis manus: videbis gloriosam mortem nobis maximo esse lucro. His adhortacionibus animatus princeps movit castra de loco illo et perrexit ad mare. Tractus autem ille maris contractior et qui visu traici potest eo tempore stratus erat glacie firmissima propter fervorem hiemis. Statimque, ubi transmissis silvis et arundinetis venerunt super mare, ecce illic agmina Slavorum de universis provinciis diffusa erant super faciem maris, distincta per vexilla et cuneos, expectantia iussionem regis. Eratque exercitus ille grandis valde. Omnibus igitur caute et ordinate per singulas acies consistentibus, soli duces egressi sunt ad salutandum regem et exercitum peregrinum et pronis vultibus adoraverunt. Quos resalutans Heinricus et adhortans cepit percunctari de itinere, et quinam in processu deberent esse primi. Singulis autem ducibus certatim se offerentibus responderunt Saxones dicentes: 'Nostri iuris esse dinoscitur, ut ad bella procedentium nos primi, redeuntium novissimi inveniamur. Legem igitur a patribus traditam et hactenus possessam hoc etiam loco minime negligendam arbitramur'. Et annuit eis rex. Licet enim Slavorum multus esset numerus, Heinricus tamen se non credebat eis, eo quod ipse nosset omnes. Levatis igitur signis Saxones preierunt in frontem, cetera Slavorum agmina suis ordinibus subsecuta sunt. Et tota die ambulantes in glacie et nive multa circa nonam tandem apparuerunt in terra Rugianorum. Statimque villae litori contiguae inflammatae sunt. Dixit autem Heinricus ad socios: 'Quis ibit ex nobis speculari, ubi sit exercitus Ranorum? Videtur enim michi, quasi videam eminus multitudinem appropinquantem nobis'. Missus igitur cum aliquantis Slavis Saxonum speculator in momento reversus est, nuntians hostes adesse. Dixitque ad socios: 'Mementote, o viri, unde venistis et ubi consistitis. Ecce mensa posita est, ad quam equo animo nobis accedendum est, nec est locus subterfugii, quin oporteat nos participari deliciis eius. Ecce mari undique conclusi sumus, hostes ante nos, hostes post nos, periitque a nobis fugae presidium. Confortamini igitur in domino Deo excelso et estote viri bellatores, quia unum e duobus restat aut vincere aut mori fortiter. Instruxit igitur Heinricus aciem, ipse constitutus in fronte cum robustissimis Saxonum. Videntes igitur Rugiani impetum viri timuerunt timore magno miseruntque flaminem suum, qui cum ipso de pace componeret. Primo igitur quadringentas, deinde octingentas marcas obtulit. Cumque exercitus remurmuraret indignans, urgerentque aciem ad congressum, corruit ille ad pedes principis dicens: 'Ne irascatur dominus noster super servos suos. Ecce terra in conspectu tuo est, utere ea ut libet, omnes in manu tua sumus; quicquid imposueris feremus'. Quatuor igitur milibus et quadringentis marcis pacem indempti sunt. Acceptisque obsidibus [Heinricus] in terram suam reversus est, dimisitque exercitum unumquemque in sua. Misit autem nuntios in terram Rugianorum ad suscipiendam pecuniam, quam promiserant. Porro apud Ranos non habetur moneta, nec est in comparandis rebus nummorum consuetudo, sed quicquid in foro mercari volueris, panno lineo comparabis. Aurum et argentum, quod forte per rapinas et captiones hominum vel undecumque adepti sunt, aut uxorum suarum cultibus impendunt, aut in erarium dei sui conferunt. Posuit igitur eis Heinricus in appensione stateram gravissimi ponderis. Cumque exhausissent erarium publicum et quicquid in privatis suis auri vel argenti habuerant, vix medietatem persolverunt, puto statera delusi. Quam ob rem iratus Heinricus, quod promissa ex integro non persolvissent, paravit secundam profectionem in terram Rugianorum. Accitoque duce Ludero proxima hieme, quae mare pervium reddidit, intravit terram Rugianorum cum magno Slavorum et Saxonum exercitu. Vixque tribus noctibus illic remanserant, et cepit hiemps resolvi et glacies liquescere, contigitque, ut inperfectis rebus revertentes marina pericula vix evaserint. Et non adiecerunt Saxones ultra intrare terram Ranorum, eo quod Heinricus modico supervivens tempore morte sua controversiae finem dederit.

Strages Romanorum. Capitulum XXXVIIII.

Fuit autem circa hos dies bellum potens Heinrico cesari contra ducem Luderum et Saxones. Heinricus enim iunior, ubi depulso vel pocius extincto patre obtinuit monarchiam imperii, vidit, quia universa terra quiescit in conspectu eius, fecitque [ab] universis principibus iurari expedicionem Italicam, volens iuxta morem assequi plenitudinem imperialis honoris de manu summi pontificis. Transcensisque Alpibus perrexit Romam cum ingenti armatorum multitudine. Domnus vero papa Paschalis audito introitu eius non modice letatus est misitque ad circumiacentes regiones accersire numerosum clerum, quatinus regem honorabiliter venientem ipse honoratior exciperet. Susceptus est igitur cum magno cleri Urbisque tripudio. Ubi autem ventum est ad consecracionem, exegit ab eo domnus papa iuramenta, quatinus in catholicae fidei observantia integer, in apostolicae sedis reverentia promtus, in ecclesiarum defensione sollicitus existeret. Sed rex superbus iurare noluit, dicens imperatorem nemini iurare debere, cui iuramentorum sacramenta ab omnibus sint exhibenda. Facta est igitur contentio inter domnum papam et regem, et interceptum est opus consecracionis. Statim armatus regis exercitus efferatus est in iram, iniecieruntque manus in clerum et spoliaverunt eos vestibus sacris, quasi lupi grassantes inter ovilia. His auditis Romani proruunt ad obsistendum, eo quod viderent iniuriari clerum, ortumque est bellum in domo beati Petri tale, quale non est auditum ab annis antiquis. Prevaluit autem exercitus regis, attriveruntque Romanos interfectione magna nimis, nec fuit discrecio cleri et vulgi, omnia devorante gladio. Illic pugnavit robustissimus quisque, quousque obrigesceret gladius in manibus eius. Et repleta est domus sanctificationis morticinis et cadaveribus, profluxeruntque de acervis mortuorum rivi sanguinis, adeo ut Tyberina fluenta, mutarentur in colorem sanguinis. Sed quid multis inmoror? Domnus papa et ceteri, qui occisioni superfuerant, in captivitatem ducti sunt. Videres igitur cardinales funibus in colla missis nudos trahi, vinctis post terga manibus, et de civibus inmensas cathenatorum catervas duci. Postquam igitur profecti de Roma venerunt ad primae mansionis locum, accesserunt quidam episcopi et religiosi ad domnum papam dicentes ad eum: 'Magnus dolor est cordi nostro, sanctissime pontifex, de tanto facinore, quod commissum est circa te et clerum tuum et cives urbis tuae. Sed mala haec exigentibus peccatis nostris inprovisa magis quam deliberata fuerunt. Assentire igitur nobis et complacare domino nostro, ut et ipse complacetur tibi, et perfice in eo opus benedictionis tuae'. Quibus ille respondit: 'Quid dicitis, o dilecti fratres? Virum hunc iniquum, virum sanguinum et dolosum a nobis consecrandum dicitis? Bene expiavit manus suas ad percipiendam consecracionem, qui aras Dei perfudit cruore sacerdotum et domum sanctificacionis replevit cadaveribus interfectorum. Absit a me verbum hoc, ut ego consentiam consecracioni eius, qui seipsum execrabilem reddidit'. Cumque illi dicerent cautum esse saluti suae et eorum qui erant in captivitate, ut regem placaret, respondit cum magna libertate dicens: 'Non timeo dominum vestrum regem. Occidat corpus, si vult, amplius non habet quid faciat. Multum quidem prosperatus est in cede civium et cleri sui, sed dico vobis in veritate, quia de cetero non assequetur victoriam nec videbit pacem in diebus suis, sed nec filium generabit, quic sedeat in throno eius'. Cumque haec renuntiata fuissent in conspectu regis, exarsit in iracundia magna iussitque omnes captivos decollari in facie domni papae, ut vel per hoc deterreret eum. Ille vero instanter ortabatur eos mori fortiter pro iusticia, promittens eis eternae vitae inmarcessibilem coronam. At illi unanimiter provoluti pedibus eius orabant dilacionem vitae. Tunc beatissimus pontifex suffusus lacrimis contestatus est cordium inspectorem se malle mori quam cedere, si non prepediret omnibus Christi iure inpendenda compassio. Fecit igitur quod necessitas imperarat et promisit se regem consecraturum, ut captivitas relaxaretur. Reversique in Urbem domnus papa et cardinales fecerunt regi secundum voluntatem eius, extorto quidem obsequio, dederuntque ei privilegium super omnibus quae desideraverat anima eius.

De bello Welpesholt. Capitulum XL.

Postquam igitur arrepta benedictione imperator Teutonicas revisit terras, collecta est in urbe Roma synodus centum viginti patrum, ubi domnus papa acrius incusatus est pro eo, quod regem sacrilegum, capto summo pontifice, tractis cardinalibus, fuso sanguine cleri et civium, ad imperiale culmen provexerit, insuper constitutiones episcoporum, quas patres sui ecclesiastico iuri usque ad mortes et exilia defensaverint, huic omnium indignissimo etiam privilegio stabilierit. Ille pretendere cepit necessitatis articulum maximaque pericula minori dispendio intercepta, strages plebium, incendia Urbis non posse aliter restringi. Se quidem peccasse, sed inpulsum; emendaturum se hanc noxam secundum quod imperaret sanctum concilium. Accepta igitur satisfactione incusantium refriguit fervor, definitoque consilio extortum illud privilegium, non privilegium, immo pravilegium vocitandum, ideoque anathemate rescindendum sanxerunt, ipsum preterea imperatorem a liminibus sanctae ecclesiae sequestrandum censuerunt.

Currit haec fama per orbem universum, omnesque, quos novarum rerum cupido trahebat, accepta quandoque occasione rebellionis aggressi sunt molimina. Inter quos precipuus erat famosus ille Adelbertus Mogontinus episcopus, sociatis sibi quam pluribus, maxime vero Saxonum principibus, quos ad defectionem partim necessitas, partim etiam rebellionum vetus consuetudo illexerat. Siquidem preter nova bella, quae tunc parabantur, cum fortissimo viro seniore Heinrico novies olim conflixerant. Sed quid multis inmoror? Sentiens imperator omnem iam Saxoniam a se deficere et conspiracionum virus latius serpere, primo omnium ipsum auctorem rebellionis Mogontinum cepit episcopum, deinde toti infusus Saxoniae provinciam eorum maxima strage pervasit, principibus eorum occisioni aut certe captivitati traditis. Tunc hii qui superstites fuerant de principibus Saxonum, videlicet Luderus dux, Reingerus Halverstadensis episcopus, Fredericus comes de Arnesberg, multique nobiles conglobati in unum imperatori denuo in Saxoniam cum exercitu redeunti occurrerunt in loco qui dicitur Welpesholt, produxeruntque exercitum suum adversus exercitum regis, licet impares numero. Tres enim contra quinque pugnaverunt. Conmissumque est prelium illud nostra etate famosissimum Kal. Februarii, quo Saxones superiores inventi virtutem regis attriverunt. Cecidit in eo bello Hogerus princeps militiae regis, natus et ipse Saxonia, destinatus ad ducatum Saxoniae, si res prospere cessissent. Tunc Saxones propter victoriam animis sublevati, perpendentes cesaris iram non facile impunitatem tantae calamitati prebituram, frequentibus colloquiis causam suam muniunt, sediciones, quae infra provinciam erant, federibus conciliant, aliunde auxiliantium manus consciscunt, postremo, ne complices federa rumpant, omnes in defensionem patriae arma coniurant. Quid dicam de Mogontino, qui super omnes adversus imperatorem deseviit? Is enim civium suorum, qui cesarem Moguntiae obsederant, studio carcere erutus et sedi suae restitutus, quantas mortes in captivitate pertulerit, non tam exesi corporis specie quam ultionis acerbitate expressit. Qui etiam legacione sedis apostolicae functus frequentibus conciliis episcoporum aliorumque, quos iustitiae species induerat, excommunicacionis verbum in cesarem deponebat. His mocionibus exacerbatus cesar transiit in Longobardiam cum uxore sua Mathilde, filia regis Angliae. Transmisitque legatos ad domnum Paschalem papam, oraturus veniam super excommunicacionis verbo. At ille distulit causam ad audientiam sancti concilii, legitimas regi prefigens inducias, laxatoque interim excommunicacionis vinculo.

Obiit interea Paschalis, cui substituit cesar Burdinum quendam, reprobato Gelasio, quem canonica electio statuerat. Factumque est denuo scisma in ecclesia Dei. Gelasius enim fuga elapsus in regno Francorum mansit usque ad diem mortis suae.

Longum est igitur per singula replicare turbulentias temporis illius, nec est temporis huius talium explanacio. Slavorum autem hystoria, unde longius digressus sum, reditum perurget. Quorum utique conversionem Heinriciani cesares non modice retardaverunt, domesticis videlicet semper pregravati. Qui vero actus eorum et terminum scismatis huius plenius nosse desiderat, legat hystoriam magistri Eggehardi, librum quintum, quem ad Heinricum iuniorem describens bona eius amplissima laude extulit, at male facta aut omnino tacuit aut in melius interpretatus est.

Nec tamen pretereundum reor, quod in diebus illis claruit vir insignis sanctitate Otto Bavenbergensis episcopus. Qui invitante pariter et adiuvante Bolizlao Polenorum duce Deo placitam adiit peregrinacionem ad gentem Slavorum, qui dicuntur Pomerani et habitant inter Odoram et Poloniam. Predicavitque barbaris verbum Dei Deo cooperante et sermonem confirmante sequentibus signis omnemque gentem illam cum principe eorum Wertezlavo convertit ad Dominum, permanetque fructificacio divinae laudis illic usque in hodiernum diem.

Electio Luderi. Capitulum XLI.

Anno post haec incarnati verbi M'C'XX'VI. obiit apud Traiectum Heinricus cesar, et successit in solium regni Luderus Saxonum dux. Indignati autem Francigenae virum Saxonem elevatum in regnum conati sunt alium suscitare regem, Conradum videlicet, consobrinum Heinrici cesaris. Prevaluit autem pars, quae fuit cum Ludero, abiensque Romam promotus est ad apicem imperii per manus Innocentii papae. Quo etiam suffragante Conradus eo usque propulsus est, ut se traderet in potestatem Luderi, qui et Lotharius, factusque est ex hoste amicissimus. Cepitque in diebus Lotharii cesaris oriri nova lux non tam in Saxoniae finibus quam in universo regno, tranquillitas temporum, habundantia rerum, pax inter regnum et sacerdocium. Sed et Slavorum populi agebant ea quae pacis sunt, eo quod Heinricus Slavorum regulus comitem Adolfum et contiguos Nordalbingorum populos omni benivolentia amplexatus fuerit. In diebus illis non erat ecclesia vel sacerdos in universa gente Luticiorum, Obotritorum sive Wagirorum, nisi tantum in urbe Lubeke, eo quod fuerit illic Heinrici familiare contubernium. Surrexit eo tempore sacerdos quidam Vicelinus nomine et venit ad regem Slavorum Lubeke, rogavitque dari sibi facultatem predicandi verbum Dei infra terminos dicionis eius. Quis autem fuerit vir iste quantaeque opinionis, multorum qui adhuc supersunt habet noticia; sed ne posteros lateat, huic narracioni inserendum arbitror, eo quod datus sit in salutem gentis huius, directas facere semitas Dei nostri in natione prava et perversa.

De Vicelino episcopo. Capitulum XLII.

Vicelinus itaque Mindensi parrochia oriundus in villa publica cui nomen Quernhamele, quae sita est in ripa

Wiserae, genitus est parentibus morum magis honestate quam carnis et sanguinis nobilitate adornatis. Litterarum rudimentis apud canonicos eiusdem loci institutus est, neglectus tamen pene ad virilem etatem, eo quod parentibus orbus adolescentiae annos, ut ea assolet etas, levis et lubricus exegerit. Patria tandem domo exemptus divertit in castellum non longe positum, cui nomen Eversten, ubi nobilis domina mater Conradi comitis iuvenem desolatum miserata aliquandiu tenuit, misericorditer fovit, adeo ut sacerdos castri videns et invidens occasiones quereret, quibus eum castro deturbaret. Quadam igitur die multis arbitris coram positis interrogavit Vicelinum, in scolis positus quid legisset. Illo perhibente se Statium Achilleidos legisse, consequenter requisivit, quae esset materia Statii. Sed cum diceret se nescire, sacerdos nimium mordaciter ad circumstantes: 'Heus', inquit, 'ego iuvenem hunc de recenti studio venientem putabam aliquid esse, sed opinione delusus sum. Iste enim penitus nullius momenti est'. Sed quia scriptum est: Verba sapientium stimuli et quasi clavi in altum defixi, tantae cavillacionis verbum modestia iuvenis extimuit, statimque castro sese proripiens etiam sine valedictione discessit, tantis lacrimis inundans et verecundiae punctiones sustinens, ut vix cuiquam opinabile sit. Audivi eum sepenumero dicentem, quia ad verbum illius sacerdotis respexerit eum misericordia divina. Abiit igitur Patherburnen, ubi tunc forte studia litterarum florebant sub nobili magistro Hartmanno. Cuius etiam mensa et contubernio usus quam pluribus annis tanto fervore, tanta denique instantia studuit, ut non facile explicari possit. Crebro enim veluti ad quandam desudans mente palestram, artibus edomitum subdidit ingenium.

Non hunc ludi, non epulae cepto proposito detraxerant, quin aut legeret aut dictaret vel certe scriberet. Chori preterea diligentissimus curator extitit, inter primicias adolentis religionis deservire Deo suave piumque putans.

Videns igitur egregius magister discipulum atque contubernionem suum supra vires laborare sepius ait ad eum: 'O Viceline, precipitanter agis, pone modum studiis, nam temporis adhuc satis superest, quo plurima discere possis'. Ille nichil motus hiis verbis: 'Ecce recordor', ait, 'me libris tardas applicuisse manus, festinare decet, patitur dum tempus et etas'.

Dedit autem Dominus viro illi intellectum et cor docile, supercrescensque socios in brevi factus est in scolis regendis magistri coadiutor. Preerat igitur sociis in sollicitudine, instituens tam doctrina quam exemplo. Orationi etiam interdum vacans omnium sanctorum suffragia efflagitabat, precipue vero beati Nicolai, cuius obsequio specialius sese manciparat. Unde etiam contigit, ut vice quadam eiusdem sancti natalitia celebraturus in oratorio sanctae Brigidae socios consciverit. Ubi vespertino et matutino officio sollempniter expleto angelicae voces a quibusdam auditae sunt psallentes iuxta morem cleri responsorium: Beatus Nicolaus iam triumpho potitus. Accessit igitur Vicelino gaudium de miraculo et de gaudio cumulata devocio.

De transitu Ludolfi presbiteri. Cap. XLIII.

Ceterum eidem viro divino famulatu imbuendo nobile prebuit virtutis incitamentum illa celebris fama avunculi ipsius Ludolfi, sacerdotis de Feule, qui summae sanctitatis vir magnusque confessor frequentabatur a populis regionis confitentium peccata sua et remedio penitentiae venturam iram declinare cupientium. Ad quem et ipse accersitus sepius accessit insistens abluendis per confessionem propriis criminibus, consideravitque in sacerdote naturae simplicitatem, innocentiam vitae et super omnia elemosinarum largitatem statumque vitae nulla dissolucione labefactatum. Qui etiam venerabilis sacerdos etate iam decrepitus, sed vigore spiritus integer, ubi egritudine mortali decubuit, misit ad accersiendos sacerdotes et religiosos quosque; impetrato sacrae unctionis officio conquestus est se fraudatum presentia dilectissimorum suorum Rotholfi Hildenemensis canonici et Vicelini. Nec mora ad vocem deprecantis uterque inopinatus advenit, repperiuntque virum Deo dilectum exitus sui horam cum magna devocione opperientem. A quo etiam recogniti cum gratiarum actione suscepti sunt. Nocte igitur supprema Deo in oratione colloquens, appropinquante iam diluculo, iussit sibi a dyacono legi passionem dominicam, qua intentius audita celeriter adorsus est dyaconum: 'Affer michi', inquit, 'velociter viaticum salutare, iam enim adest hora migrandi'. Statimque participans vivificis misteriis dixit astantibus: 'Ecce veniunt qui me deducturi sunt, ecce veniunt nuntii Domini mei, sublevate me de lecto'. Quibus attonitis: 'Quid trepidatis', inquit, 'o viri? Nonne videtis nuntios Domini mei omnes adesse?' Statimque anima illa carne soluta est. Mane igitur facto convenientibus multis ad sepulturam tanti viri orta est disceptacio de sepultura eius, populo quidem eum in ecclesia, familiaribus vero eius in atrio, ut ipse iusserat, sepeliri volentibus. Offertur interim pro anima eius hostia salutaris, cum Theodericus quidam, qui adhuc superest, propter vigilias funeris sopore gravis lecto decubuit, viditque sibi assistere virum reverendi habitus et dicentem: 'Quousque dormitas? Surge et fac sepeliri sacerdotem, ubi populus eius decrevit'. Prevaluit ergo ex beneplacito Dei postulacio populi, sepelieruntque eum infra muros ecclesiae, cui multis annis fideliter deservierat.

De Tetmaro preposito. Capitulum XLIIII.

Post mortem igitur avunculi Vicelinus in Patherburnensi ecclesia tam diu perstitit, quousque vocatus Bremam curandis scolis magister ibidem preditus est. Fuitque in regendis scolis vir valde idoneus, curator chori, eruditor iuvenum forma honestatis. Denique discipulos, quos antea mos precipitatus agebat, reddidit artibus ingenuos et in cultu Dei et frequentia chori officiosos. Quam ob rem diligebat eum antistes Frethericus ceterique, quos aut dignitas aut honestas in ecclesia fecerat editiores. Illis solum onerosus videbatur, quibus consuetudini fuerat deserto cultu ecclesiae et disciplina clericali bibere in tabernis, spaciari per domos et plateas, vanitatibus obsecundare, qui insolentias suas argui ab ipso pertimescebant. Unde etiam probris et derogationum spiculis sepius eum appetere solebant. Sed nil fuit, quod in moribus eius a perfectione dissideret vel emulorum commentis alluderet, nisi quod in cohercendis iuvenibus verberibus modum negaverit. Unde etiam plerisque discipulis capescentibus fugam crudelitate notatus est. Quotquot autem validiores animis disciplinae eius iugum sustinuerunt, grandi emolimento prediti sunt; succreverunt enim sicut studiorum et prudentiae maiestate, ita etiam dignitatis et honorum gratia. Fuit eo tempore in disciplinatu eius iuvenis optimae indolis Thetmarus nomine, cuius mater reverentissima ipsa nocte, qua tali sobole onustanda erat, conspexit in visu veluti auream crucem gemmis redimitam sese gremio recepisse. Preclarum sane futurae prolis argumentum sanctitatis fulgore irradiandum. Postquam igitur procreatus est filius, mater non inmemor oraculi mancipavit eum divino cultui et sacris litteris imbuendum. Sed cum in primis neglectus esset, eo quod studium apud Bremam defecisset, contigit adventare magistrum Vicelinum et curandis scolis prefici. Cuius tutelae commendatus puer Thetmarus factus est eius discipulus et contubernio.

Capitulum XLV.

Emensis igitur quam pluribus annis magister Vicelinus, perspecto discipulorum et profectu et numero, proposuit ire in Franciam, maiorum scilicet gratia studiorum, oravitque Deum cogitacionem suam ab ipso dirigi. Haec eo animo volutante, Adelbertus maioris ecclesiae prepositus die quadam accessit ad eum dicens: 'Quare celasti amicum et consanguineum tuum ea quae in corde tuo sunt?' Qui cum sollicite requireret causam, ille respondens ait: 'Scio quidem, quia profectionem paras in Franciam, nec quemquam vis hoc nosse. Noveris igitur iter tuum a Domino directum. Noctu enim in sompnis visus sum michi assistere ante altare Domini et orare Deum instantius. Tunc ymago beatae Dei genitricis, quae forte in altari constitit, allocuta est me dicens: "Vade et nuntia viro, qui iacet post ostium, quia habet licentiam migrandi quo vult". Parui ego iubentis imperio et accedens ad ostium repperi te in oratione decubantem. Nuntiavi tibi sicut edoctus fueram; audisti et letatus es. Iam nunc igitur accepta permissione perge quo desideras'. Hoc itaque divinae respectionis solacio animatus resignavit scolis, non tamen sine dolore pontificis maiorumque ecclesiae, tanti viri presentia moleste carentium. Assumptoque secum honestissimo iuvene Thetmaro perrexit in Franciam adiitque scolas venerabilium magistrorum Radolfi et Anselmi, qui in explanacione divinae paginae fuerant eo tempore precipui. A quibus etiam honorabiliter habitus est propter ferventissimum studii desiderium et vitae probabilis meritum. Questiones enim supervacuas pugnasque verborum, quae non edificant, sed magis subvertunt, omnino devitans, ad ea solum enisus est, quae sobrio intellectui et moribus instruendis sufficerent. Denique accepto semine verbi Dei eo usque convaluit, ut iam tunc proposuerit propter Deum austerioris vitae vias aggredi, abdicare scilicet carnis esum, cilicio ad carnem operiri, cultui divino artius applicari. Adhuc enim acolitus existens altiori gradu abstinuerat timens lubricum etatis. Ubi igitur maturior etas et diutinum continentiae experimentum viro firmitatem addiderant, transactis in studio tribus annis, statuit patriam revisere et ad sacros ordines promoveri. Contigit in diebus illis dilectum discipulum eius Thetmarum infirmari. Qui metuens periculum mortis flevit cum Ezechia fletu magno, postulans dilacionem vitae propter magistri sui Deo accepta merita. Quo perorante, gloria Deo! infirmitate relevatus est. Post haec recepti in patriam divisi sunt ab invicem; et quidem venerabilis Thetmarus canonica Bremensis ecclesiae investitus est. At magister Vicelinus oblatam recusavit, ordinacione Dei ad opus aliud destinandus.

Adventus Vicelini in Slaviam. Capit. XLVI.

Eo itaque anno, quo Francia reversus est, accedens ad reverentissimum Northbertum Magdeburgensem presulem eius notitia perfrui et ad sacerdocii gradum promoveri meruit. Statimque ferventissimo zelo exestuans, quibusnam sedibus locandus aut cui operi mancipandus foret, in quo ecclesiae fructuosus existeret, audivit famam Heinrici principis Slavorum, et qualiter idem domitis barbaris gentibus ad ampliandum cultum domus Dei pronam gesserit voluntatem. Ratus igitur ad opus ewangelii se divinitus vocari adiit venerabilem Adelberonem Hammemburgensem archiepiscopum, qui forte apud Bremam constitit, revelaturus ei propositum cordis sui. Ille non modice letificatus approbavit consilium deditque ei legacionem verbi Dei in Slavorum gente [predicandi et] vice sua ydolatriam extirpandi. Statimque aggressus est iter in terram Slavorum, comitantibus secum venerabilibus presbiteris Rodolfo Hildensemensi et Ludolfo Verdensi canonico, qui se devoverant in opus ministerii huius. Repertum igitur in urbe Lubicensi principem Heinricum convenerunt rogantes dari sibi facultatem predicandi nomen Domini. Qui nil titubans viros dignissimos coram gente sua magnis honoribus extulit, deditque eis ecclesiam Lubeke, ubi tuta secum stacione possent consistere et agere quae Dei sunt. His rite peractis reversi sunt in Saxoniam ordinaturi de rebus domesticis suis et paraturi se ad iter Slavanicum. Sed grandis et subita mesticia corda eorum perculit; fama enim velox pertulit Heinricum regem Slavorum presenti vita decessisse, sicque ad presens pia eorum vota retardata sunt. Filii enim Heinrici Zuentepolch necnon Kanutus, qui dominio successere, intestinis bellis adeo perturbati sunt, ut tranquillitatem temporum et tributa regionum perderent, quae pater eorum armorum virtute conquisierat.

De penitentia Northalbingorum. Capitulum XLVII.

Circa idem tempus domnus Adelbero archiepiscopus transivit Albiam visitaturus Hammemburg et Nordalbingorum provinciam venitque in civitatem Milethorp habens in comitatu suo venerabilem sacerdotem Vicelinum. Tres autem sunt Nordalbingorum populi: Sturmari, Holzati, Thetmarki, nec habitu nec lingua multum discrepantes, tenentes Saxonum iura et Christianum nomen, nisi quod propter barbarorum viciniam furtis et latrociniis operam dare consueverunt. Hospitalitatis gratiam sectantur. Nam furari et largiri apud Holzatos ostentacio est. Qui vero predari nesciat, ebes et inglorius est. Consistente igitur pontifice in Milethorp venerunt ad eum cives de Faldera rogantes dari sibi sacerdotem. Est autem Falderensis pagus limes Holzaciae versus eam partem, qua Slavos attingit. Statimque pontifex conversus ad Vicelinum sacerdotem dixit: 'Si tibi propositum est laborandi in Slavia, vade cum hominibus istis et potire ecclesia eorum, eo quod sita sit in terminis utriusque provinciae, sitque tibi intranti et exeunti Slaviam locus et stacio'. Quo respondente se parere consilio, ait ad viros de Faldera: 'Vultis vobis dari sacerdotem prudentem et ydoneum?' Quibus dicentibus se hoc omnimodis et velle et expetere, acceptum per manus sacerdotem commisit eum cuidam Marchrado, prepotenti viro, ceterisque de Faldera precipiens, ut dignam personae sollicitudinem gererent. Cumque pervenissent ad locum destinatum, perspexit habitudinem loci campumque vasta et sterili mirica perorridum, preterea accolarum genus agreste et incultum, nichil de religione nisi nomen tantum Christianitatis habentes. Nam lucorum et fontium ceterarumque supersticionum multiplex error apud eos habetur. Incipiens igitur habitare in medio nacionis pravae et perversae, in loco horroris et vastae solitudinis eo artius divino se commendabat presidio, quo [magis] humano destitutus est solacio. Dedit autem ei Dominus gratiam in conspectu gentis illius. Statim enim, ut gloriam Dei et bona futuri seculi carnisque resurrectionem predicare cepit, ad novitatem incogniti dogmatis gens bruta grandi miraculo perculsa est, diffugeruntque tenebrae peccatorum ab illustracione irradiantis gratiae Dei. Denique incredibile dictu est, quanta plebium caterva in diebus illis ad penitentiae remedium confugerit, insonuitque vox predicacionis eius in omni Nordalbingorum provincia. Cepitque pia sollicitudine circumiacentes visitare ecclesias, prebens populis monita salutis, errantes corrigens, concilians dissidentes, preterea lucos et omnes ritus sacrilegos destruens. Comperta igitur sanctitatis eius fama multi tam de clero quam de laicali ordine convenerunt ad ipsum, inter quos primi et precipui fuerunt venerabiles sacerdotes Ludolfus, Eppo, Luthmundus, Volcwardus, ceterique quam plures, ex quibus aliqui dormiunt, quidam vero adhuc superstites sunt. Hii ergo sacris connexi federibus statuerunt amplecti celibatum vitae, perdurare in oratione et ieiunio, exerceri in opera pietatis, visitare infirmos, alere egentes, tam propriam quam proximorum salutem curare. Super omnia vero pro Slavorum vocacione solliciti orabant Deum ostium fidei quantocius aperiri. Quorum Deus peticiones longius distulit; necdum enim completae sunt iniquitates Amorreorum, neque venit tempus miserendi eorum.

De Zuentepolco. Capitulum XLVIII.

Siquidem filii Heinrici domestica bella conflantes populis Nordalbingorum novos labores parturiebant. Zuentepolch enim senior solus dominari cupiens Kanuto fratri suo multas irrogavit iniurias, ad ultimum sumptis Holzatis eundem in castro Plunensi obsedit. At Kanutus prohibens socios, ne obsidentes iaculis appeterent, ascendens ad propugnacula allocutus est omnem exercitum dicens: 'Audite, queso, verbum meum, viri optimi, qui venistis de Holzatia. Quid, rogo, causae est, ut consurgatis adversus amicum vestrum? Nonne ego frater sum Zuentepolci, eodem patre Heinrico genitus et de iure dicionis paternae coheres? Quare igitur frater meus extorrem me facere nititur hereditatis paternae? Nolite, queso, frustra vexari adversum me, sed revertimini ad iudicium et optinete michi apud fratrem meum, ut det portionem, quae me iure contingit'. His auditis animequiores facti sunt animi obsidentium, decreveruntque virum iusta postulantem exaudiri. Adhibitaque opera germanos discordes reconciliaverunt, partita inter eos provincia. Sed Kanutus non longe post interfectus est in urbe Lutilinburg, Zuentepolch solus dominio potitur. Convocansque Adolfum comitem cum Holzatis et Sturmariis direxit expedicionem in provinciam Obotritorum obseditque urbem quae dicitur Werlo. Qua in potestatem redacta ultra progressus est ad urbem Kicinorum obseditque eam ebdomadibus quinque. Tandem urbe subacta acceptisque obsidibus Zuentepolch reversus est Lubeke, Nordalbingi quoque ad sedes suas redierunt. Videns autem Vicelinus sacerdos, quia princeps Slavorum humanius se gereret erga Christicolas, accessit ad eum et innovavit apud eum paternae pollicitacionis ceptum. Impetratoque principis favore misit in urbem Lubeke venerabiles sacerdotes Ludolfum et Volcwardum, qui salutem populi curarent. Receptique sunt benigne a mercatoribus, quorum non parvam coloniam Heinrici principis fides et pietas ibidem consciverat. Habitaveruntque in ecclesia sita in colle, qui est e regione urbis trans flumen. Nec longum tempus effluxit, et ecce Rugiani urbem vacuam navibus offendentes opidum cum castro demoliti sunt. Sacerdotes incliti, barbaris unam ecclesiae ianuam irrumpentibus, per aliam elapsi beneficio vicini nemoris salvati sunt et ad Falderensem portum refugerunt. Zuentepolch non longe post interfectus est dolo cuiusdam Dasonis predivitis de Holzatia. Remansit Zuentepolch filius nomine Zuinike, sed et hic interfectus est apud Ertheneburg urbem Transalbianorum. Defecitque stirps Heinrici in principatu Slavorum, mortuis scilicet filiis et filiorum filiis. Predixerat hoc idem princeps, nescio quibus oraculis edoctus, stirpem suam quantocius defecturam.

De Kanuto. Capitulum XLIX.

Post haec translatus est principatus Slavorum ad nobilissimum principem Kanutum, filium Herici regis

Danorum. Hericus enim potentissimus rex, cum se devovisset ad iter Iherosolimitanum, fratri suo Nicolao regnum cum filio Kanuto commendavit, accepto iuramento, ut, si non rediret, filio suo, postquam adolevisset, regnum contraderet. Cum ergo regem Ierosolima redeuntem fata sustulissent, Nicolaus, licet concubina natus, Danorum regnum obtinuit, eo quod Kanutus adhuc esset infantulus. Sed et Nicolao erat filius nomine Magnus. Nutriebantur igitur regalius et magnificentius haec duo genimina in futuras commociones bellorum et multorum ruinam Danorum. Ubi autem Kanutus adolere cepit, timens se insidiis patrui sui facile posse obrui, transiit ad imperatorem Lotharium et mansit apud eum multis diebus sive annis, habitus, ut regiam magnificentiam decuit, cum plena honorificentia. Inde subiens in patriam a patruo benigne receptus et ducatu tocius Daciae preditus est. Cepitque vir pacificus regionem compacare, auferens viros desertores de terra. Precipue vero Sleswicensibus beneficus erat. Contigit autem latrones forte comprehendi in mirica, quae interiacet inter Sliam et Egdoram, et perduci in faciem Kanuti. Quos cum ille suspendio addixisset, unus ex eis vitae consulere cupiens proclamavit se consanguineum eius esse et regia Danorum stirpe oriundum. Cui Kanutus: 'Turpe', inquit, 'est consanguineum nostrum vulgarium more affici, decet nos ei impendere claritatem'. Et iussit ei in nautica pinu sollempne exhiberi suspendium.

Interea subiit animum eius, quod principatus regni Slavorum vacaret, mortuo scilicet Heinrico et filiis eius adnullatis. Adiit igitur Lotharium imperatorem emitque multa pecunia regnum Obotritorum, omnem scilicet potestatem, qua preditus fuerat Heinricus. Et posuit imperator coronam in caput eius, ut esset rex Obotritorum, recepitque eum in hominem. Post haec

XCIII

transiit Kanutus in terram Wagirorum et occupavit montem qui antiquitus Alberg dicitur, imposuitque illic mansiunculas, intendens ibidem communire castellum. Et sociavit sibi in terra Holzatensium omnem virum fortem fecitque cum eis incursationes in terram Slavorum, occidens et sternens omnes sibi adversantes. Sed et fratruelem Heinrici Pribizlaum et maiorem terrae Obotritorum Niclotum duxit in captivitatem posuitque eos Sleswich in custodiam, astringens eos manicis ferreis, quousque pecunia et vadibus redempti ea quae subiecta sunt sentirent. Sepius et in terram Wagirorum deversans Falderensi hospicio usus est prebuitque se familiarem Vicelino et omnibus illic commorantibus, promittens eis bona, si Dominus res suas in Slavia direxisset. Veniens quoque Lubeke dedicari fecit ecclesiam, quam construxerat Heinricus, astante venerabili sacerdote Ludolfo et ceteris qui de Faldera eidem loco mancipati fuerant.

In diebus illis obiit comes Adolfus, habuitque duos filios. Quorum senior Hartungus, vir militaris, habiturus erat comeciam. At iunior filius Adolfus litterarum studiis deditus erat. Contigit autem imperatorem Lotharium cum grandi expedicione ire in Boemiam. Ubi interfecto Harthungo cum multis nobilibus Adolfus accepit comeciam terrae Nordalbingorum, vir prudens et in divinis et humanis rebus exercitatissimus. Preter facundiam enim Latinae et Teutonicae linguae Slavicae nichilominus linguae gnarus erat.

De Nicolao. Capitulum L.

Circa tempus dierum illorum accidit, ut Kanutus rex Obotritorum veniret Sleswich habiturus cum patruo suo Nicolao curiale colloquium. Cum autem populus venisset in concionem, et rex senior sedisset in trono indutus cultu regio, Kanutus assedit ex opposito, gestans et ipse coronam regni Obotritorum stipatusque satellitum agmine. Sed cum rex patruus videret nepotem suum in fastu regio sibique nec assurgere nec osculum ex more dare, dissimulata iniuria transiit ad eum oblaturus ei salutacionem cum osculo. Cui ille occursans ex medio sese per omnia patruo et loco et dignitate adequavit. Quod factum Kanuto letale odium conscivit. Nam Magnus filius Nicolai cum matre huic spectaculo assidens, incredibile dictu est, quanta ira exarserit, dicente ad eum matre sua: 'Nonne vides, quia nepos tuus sumpto sceptro iam regnat? Arbitrare ergo eum hostem publicum, qui vivente adhuc patre tuo nomen sibi regium usurpare non timuit. Quod si longius dissimulaveris et non occideris eum, scito te et vita et regno ab eo privandum'. His itaque verbis instimulatus cepit insidias moliri, ut Kanutum occideret. Quod sentiens Nicolaus rex convocat universos principes regni deditque operam, ut iuvenes dissidentes confederaret. Dissensionibus igitur ad pacem inclinatis iurata sunt utrimque federa. Sed pactiones istae apud Kanutum firmae, apud Magnum dolis oblitae sunt. Statim enim, ut ficta soliditate animum eius investigat et omni suspicionis malo vacuum considerat, rogat Kanutum Magnus, ut occurrat sibi ad singulare colloquium. Dissuadet Kanuto uxor exitum timens insidias, simul etiam exasperata sompnio, quod preterita nocte viderat. Nec tamen vir fidelis retineri potuit, sed, sicut laudatum fuerat, occurrit ad locum placiti, comitatus quatuor tantum viris. Adest Magnus cum viris totidem amplexatumque deosculatur nepotem, consederuntque tractaturi negocia. Nec mora, surrexerunt insidiae de latebris suis percussumque Kanutum interfecerunt, divisoque membratim corpore crudelitatem etiam in mortuo exsaturare gestierunt. Et multiplicatae sunt a die illa perturbaciones et intestina bella in Dania, de quibus in consequentibus aliquantisper

XCV

commemorandum est, eo quod provinciam Nordalbingorum vehementer attigerint. Audito enim sinistro hoc nuntio Lotharius imperator cum coniuge sua Rikenza non modice contristati sunt, eo quod corruerit vir imperio amicicia coniunctissimus. Venitque cum gravi exercitu prope civitatem Sleswich ad vallum illud notissimum Dinewerch ulturus mortem funestam optimi viri Kanuti. Consederat e regione Magnus cum inmenso Danorum exercitu defensurus terram suam. Sed territus virtute Teutonici militis apud cesarem inmenso auro et hominio impunitatem indemptus est.

De Herico. Capitulum LI.

Videns ergo Hericus, frater Kanuti natus de concubina, quia refriguit cesaris ira, cepit armari in ultionem fraterni sanguinis currensque terra et mari congregavit multitudinem Danorum execrantium inpiam mortem Kanuti. Sumptoque regio nomine cepit frequentibus bellis incursare Magnum, sed superatus, sed fugatus est. Unde etiam Hericus Hasenvoth, id est pes leporis, propter fugam continuam appellatus est. Dania tandem exturbatus confugit in civitatem Sleswich. Illi autem memores bonorum, quae impenderat eis Kanutus, receperunt virum, parati pro eo ferre mortem et exterminium. Quam ob rem Nicolaus et filius eius Magnus preceperunt omni populo Danorum, ut descenderent ad pugnam Sleswich, crevitque obsidio in inmensum. Porro lacus ille, qui civitati adiacet, glacie concretus pervius erat, impugnaveruntque civitatem terra marique. Tunc Sleswicenses miserunt nuntios ad comitem Adolfum offerentes ei centum marcas, ut cum gente Nordalbingorum civitati presidio foret. Sed et Magnus tantumdem obtulit, ut bello abstineret. Inter haec comes incertus, quid ageret, consuluit maiores provinciae. Illi consuluerunt civitati subveniendum, eo quod mercibus eius sepe potirentur. Congregato igitur exercitu Adolfus comes transiit Egdoram fluvium, visumque ei fuit paululum subsistendum, quousque universus conveniret exercitus, eundumque in terram hostilem cum diligenti caucione. Sed populus predarum avidus retineri non potuit; tanta festinantia preterlapsi sunt, ut venientibus primis ad silvulam Thievela, novissimi Egdoram fluvium vix attingerent. Audito igitur Magnus comitis adventu elegit de exercitu mille loricatos abiitque in occursum exercitus, qui exierat de Holzatia, et commisit cum eis prelium. Et fugatus est comes, percussique populi Nordalbingorum attritione maxima. Comes autem et quotquot fugerant de acie reversi per Egdoram salvati sunt. Magnus igitur potitus victoria reversus est ad obsidionem, frustrato tamen labore; nam neque civitate neque hoste potitus est. Laxata enim hieme pariter et obsidione Hericus elapsus venit in maritimam Sconiae regionem, conquerens ubique innoxiam fratris cedem et proprias calamitates. Audiens igitur Magnus, quia comparuit Hericus, accedente estate direxit expedicionem in Sconiam cum innumera classe. At ille consederat e regione stipatus accolarum, licet brevi, numero. Soli enim Sconenses universis Danis restiterant. Cum igitur Magnus in sacro die pentecosten aciem urgeret ad congressum, dixerunt ad eum venerabiles pontifices: 'Da gloriam Deo celi et habe reverentiam diei tantae et quiesce hodie, pugnaturus in crastinum'. Qui monita contempnens aggressus est prelium. Produxitque Hericus exercitum suum et occurrit ei in manu valida. Ceciditque Magnus in die illa, percussaque sunt universa Danorum agmina a viris Sconensibus et ad internicionem deleta. Et factus est Hericus ea victoria insignis, et creatum est ei nomen novum, ut Hericus Emun, hoc est memorabilis, appellaretur. Porro Nicolaus rex senior navi elapsus venit Sleswich percussusque est a viris civitatis in gratiam victoris. Ultusque est Dominus sanguinem Kanuti, quem interfecit Magnus, prevaricator iurisiurandi, quod iuravit. Et regnavit Hericus in Dania, generavitque ex concubina Thunna filium nomine Suein. Sed et Kanuto erat filius nobilis Waldemarus, Magnus quoque genuit Kanutum. Remanseruntque haec regalia incrementa Danorum populis, in quibus exercerentur, ne forte amisso usu preliandi quandoque insolescerent. Solis enim civilibus bellis prepollent.

De ritu Slavorum. Capitulum LII.

Postquam igitur mortuus est Kanutus cognomento Lawardus rex Obotritorum, successerunt in locum eius Pribizlaus atque Niclotus, bipartito scilicet principatu, uno scilicet Wairensium atque Polaborum, altero Obotritorum provinciam gubernante. Fueruntque hii duo truculentae bestiae, Christianis valde infesti. Invaluitque in diebus illis per universam Slaviam multiplex ydolorum cultura errorque supersticionum. Nam preter lucos atque penates, quibus agri et opida redundabant, primi et precipui erant Prove deus Aldenburgensis terrae, Siwa dea Polaborum, Radigast deus terrae Obotritorum. His dicati erant flamines et sacrificiorum libamenta multiplexque religionis cultus. Porro sollempnitates diis dicandas sacerdos iuxta sortium nutum denuntiat, conveniuntque viri et mulieres cum parvulis mactantque diis suis hostias de bobus et ovibus, plerique etiam de hominibus Christianis, quorum sanguine deos suos oblectari iactitant. Post cesam hostiam sacerdos de cruore libat, ut sit efficacior oraculis capescendis. Nam demonia sanguine facilius invitari multorum opinio est. Consummatis iuxta morem sacrificiis populus ad epulas et plausus convertitur. Est autem Slavorum mirabilis error; nam in conviviis et compotacionibus suis pateram circumferunt, in quam conferunt, non dicam consecracionis, sed execracionis verba sub nomine deorum, boni scilicet atque mali, omnem prosperam fortunam a bono deo, adversam a malo dirigi profitentes. Unde etiam malum deum lingua sua Diabol sive Zcerneboch, id est nigrum deum, appellant. Inter multiformia autem Slavorum numina prepollet Zuantevith, deus terrae Rugianorum, utpote efficacior in responsis, cuius intuitu ceteros quasi semideos estimabant. Unde etiam in peculium honoris annuatim hominem Christicolam, quem sors acceptaverit, eidem litare consueverunt. Quin et de omnibus Slavorum provinciis statutas sacrificiorum impensas illo transmittebant. Mira autem reverentia circa fani diligentiam affecti sunt; nam neque iuramentis facile indulgent neque ambitum fani vel in hostibus temerari paciuntur. Fuit preterea Slavorum genti crudelitas ingenita, saturari nescia, inpaciens otii, vexans regionum adiacentia terra marique. Quanta enim mortium genera Christicolis intulerint, relatu difficile est, cum his quidem viscera extorserint palo circumducentes, hos cruci affixerint, irridentes signum redemptionis nostrae. Sceleratissimos enim cruci subfigendos autumant. Eos autem, quos custodiae mancipant pecunia redimendos, tantis torturis et vinculorum nodis plectunt, ut ignoranti vix opinabile sit.

De edificatione Segeberch. Capitulum LIII.

Cum igitur inclitus cesar Lotharius et reverentissima coniunx eius Rikenze plenam erga divinum cultum devocionis curam gererent, adiit eum sacerdos Christi Vicelinus Bardewich consistentem et suggessit ei, ut Slavorum genti secundum datam sibi celitus potentiam aliquod salutis remedium provideret. Preterea intimavit ei, quia in Wairensi provincia mons haberetur aptus, cui propter tutelam terrae regale possit castrum imponi. Nam et Kanutus rex Obotritorum olim eundem montem occupaverat, sed miles illic positus inmisso noctu latrone captus est dolo senioris Adolfi metuentis se a Kanuto, si forte invalesceret, facile posse premi. Imperator igitur audito sacerdotis prudenti consilio transmisit viros idoneos, qui specularentur aptitudinem montis. Certior igitur factus verbis nuntiorum transmisso amne venit in terram Slavorum ad locum destinatum. Precepitque omni populo Nordalbingorum, ut occurrerent ad edificacionem castelli. Sed et principes Slavorum aderant in obsequium imperatoris, facientes operacionem, sed cum grandi tristicia, eo quod sentirent clam sibi suscitari pressuram. Dixit igitur quidam principum Slavorum ad alterum: 'Vides hanc structuram firmam et preeminentem? Ecce vaticinor tibi, quia castrum hoc erit iugum universae terrae; hinc enim egredientes primum effringent Plunen, deinde Aldenburg atque Lubeke, deinde transgressi Trabenam Racesburg et omni Polaborum terra abutentur. Sed neque Obotritorum terra effugiet manus eorum'. Cui ille respondit: 'Quis nobis malum hoc paravit, aut regi montem hunc quis prodidit?' Ad quem princeps: 'Vides', inquit, 'homuncionem illum calvum, stantem prope regem? Ille induxit super nos universum malum hoc'. Perfectum est igitur castrum et numeroso milite communitum vocatumque Sigeberg. Posuitque in eo quendam satellitem suum Herimannum, qui castro preesset. Nec his contentus ordinavit fundacionem novae ecclesiae ad radices eiusdem montis, deputans in subsidium divini cultus et stipendia fratrum illic adunandorum sex vel eo amplius oppida, iuxta morem privilegiis constabilita. Porro dispensacionem eiusdem basilicae commisit domno Vicelino, ut edificiis subrigendis et personis coadunandis instaret propensius. Idem quoque fecit de Lubicensi ecclesia, precipiens Pribizlavo sub obtentu gratiae suae, ut memorati sacerdotis vel qui vicem eius egissent plenam gereret

C

diligentiam. Proposuitque, ut ipse protestatus est, omnem Slavorum gentem divinae religioni subigere et de ministro Christi statuere pontificem magnum.

Obitus Lotharii imperatoris. Capitulum LIIII.

His ita peractis imperator, ordinatis rebus tam Slavorum quam Saxonum, dedit ducatum Saxoniae Heinrico, genero suo, duci Bawariae, quem etiam secum assumens paravit secundam profectionem in Italiam. Interea domnus Vicelinus, legacionis sibi creditae sollers curator, idoneas ewangelio personas ad opus ministerii conscivit; ex quibus venerabiles sacerdotes Ludolfum, Herimannum, Brunonem in Lubeke constituit, Luthmundum cum ceteris Sigeberg esse mandavit. Iactumque est misericordia Dei et virtute Lotharii cesaris seminarium novellae plantacionis in Slavia. Sed accedentibus ad servitutem Dei non desunt temptaciones: sic et patres novellae ecclesiae permaximas invenere iacturas. Imperator enim bonus, cuius erga vocacionem gentium virtus probata, postquam Roma cum Italia potitus est, Rogerum quoque Siculum Apulia pepulit, cum iam redire pararet, inmatura morte preventus est. Conturbati sunt hac fama omnes potestates imperii, virtus quoque Saxonum tanto principe illustrata penitus concidisse visa est; et in Slavia res ecclesiasticae labefactatae sunt. Statim enim, ut corpus defuncti cesaris perlatum est in Saxoniam et Lutture tumulatum, ortae sunt sediciones inter Heinricum regis generum et Adelbertum marchionem, contendentium propter ducatum Saxoniae. Conradus autem rex in solium regni levatus Adelbertum in ducatu firmare nisus est, iniustum esse perhibens quemquam principum duos tenere ducatus. Nam Heinricus duplicem sibi vendicabat principatum, Bawariae atque Saxoniae. Bellabant igitur hii duo principes, duarum sororum filii, intestinis preliis, et commota est universa Saxonia. Et quidem Adelbertus preripiens castrum Lunenburg cum civitatibus Bardewich atque Brema occidentali Saxonia potitus est. Sed et Nordalbingorum fines partibus eius appliciti sunt. Quam ob rem comes Adolfus provincia pulsus est, eo quod fidem iuratam imperatrici Rikenze et genero eius temerare noluisset. Comeciam eius, urbes et servitia Heinricus de Badwide beneficio Adelberti assecutus est. Sed et castrum Sigeberg in custodiam accepit, mortuo scilicet Herimanno ceterisque exturbatis, quos cesar imposuerat.

Persecucio Pribizlai. Capitulum LV.

His igitur turbulentiis usquequaque per Saxoniam concitatis Pribizlaus de Lubeke occasionem nactus assumpta latronum manu suburbium Sigeberg et omnia circumiacentia, in quibus Saxonum erant contubernia, penitus demolitus est. Ibi oratorium novum et monasterii recens structura igne consumpta sunt. Volkerus, frater magnae simplicitatis, ictu gladii percussus est. Ceteri fratrum, qui evaserant, ad Falderensem portum refugerunt. Ludolfus autem sacerdos et qui cum eo Lubeke demorati sunt ea vastitate non sunt dissipati, eo quod in castro et tuicione degerent Pribizlavi, stantes utique loco et tempore difficili et pleno formidine mortis.

Preter egestatem enim et cottidiana vitae pericula cogebantur aspicere vincula et varia tormentorum genera Christicolis illata, quos latronum manus passim captivare solebat. Non multo post venit quidam Race de semine Crutonis cum classica manu, arbitratus se hostem suum Pribizlaum Lubeke reperturum. Duae enim cognaciones Crutonis atque Heinrici propter principatum contendebant. Cum igitur Pribizlaus adhuc fortuitu abesset, Race cum suis castrum et circumiacentia demoliti sunt. Sacerdotes inter arundineta salvati Falderense presidium apprehenderunt.

Venerabilis ergo sacerdos Vicelinus ceterique predicatores verbi gravi mesticia confecti sunt, eo quod novella plantatio in ipsis iniciis emarcuerit, continueruntque se in Falderensi ecclesia orationibus et ieiuniis assidue intenti. Quanta vero austeritate, quanta ciborum temperantia omnique conversacionis perfectione Falderense illud collegium primitus claruerit, non satis explicari potest. Dedit igitur eis Dominus gratiam sanitatum, iuxta quod ipse pollicitus est: infirmos curare, demones effugare. Quid enim dicam de arrepticiis? Obsessorum, qui late advecti sunt, plena erat domus, ita ut fratres quiescere non possent, clamantes sanctorum virorum presentia ignes suos accendi. Sed quis illuc venit et Dei gratia liberatus non est? In diebus illis contigit virginem quandam Ymme dictam vexari a demone et ad Vicelinum sacerdotem perduci. Quem cum interrogacionibus urgeret, cur vas incorruptum ipse, auctor corruptelae temerare presumpsisset, ille diserta voce respondit: 'Quia', inquit, 'tercio me offendit'. 'In quo', ait, 'te offendit?' 'Quia', inquit, 'negocium meum prepedivit. Bis enim transmisi fures ad perfodiendum domum, sed haec assidens focis clamoribus suis eos absterruit. Nunc quoque legacione principis nostri in Daniam functurus hanc in via offendi ulturusque, quod michi tercio offendiculo fuerit, subter ipsam devolutus sum'. Sed cum vir Dei coniuracionum verba adversus eum coacervaret, ille ait: 'Cur', inquit, 'propellis paratum ultro egredi? Iam enim abibo ad proximam villam visitaturus sodales meos, qui illic delitescunt. Hoc etenim in mandatis accepi, priusquam in Daniam proficiscar'. 'Quod tibi', ait, 'nomen, et qui socii tui? aut cum quibus habitant?' 'Ego', inquit, 'Rufinus vocor; porro sodales mei, de quibus requiris, duo hic sunt, unus cum

Rothesto, alter cum muliere quadam eiusdem oppidi. Hos igitur hodie visitabo, crastina, priusquam signum ecclesiae primam increpuerit, huc valedicturus revertar et ita demum in Daniam proficiscar'. Et haec dicens egressus est, virgo quoque passione vexacionis liberata. Tunc iussit eam sacerdos refici et crastina ante horam primae ad ecclesiam reduci. Quam cum parentes proximo mane ad ecclesiam ducerent, priusquam limen calcarent, et prima pulsari et vexari virgo cepit. Nec tamen boni pastoris diligentia prius abstitit, quam idem spiritus presidentis potentia Dei actus abscessit. Porro ea quae de Rothesto predixerat rei exitus probavit; nam in brevi maligno spiritu acerrime correptus laqueo semet strangulavit.

In Dania quoque occiso Herico perturbacio gravis erupit, adeo ut oculis probari potuerit magnum eo dyabolum adventasse in afflictionem gentis illius. Bella enim et tempestates, pestilentias et cetera humano generi inimica demonum ministerio fieri quis nesciat?

Obitus Heinrici ducis. Capitulum LVI.

Agitabantur autem, sicut in Dania, sic et in Saxonia variae bellorum tempestates, intestina scilicet prelia magnorum principum, Heinrici Leonis et Adelberti, contendentium propter ducatum Saxoniae. Super omnia autem Slavicus furor propter occupationes Saxonum veluti ruptis loris effervescens Holzatorum fines inquietabat, adeo ut Falderensis pagus iam pene in solitudinem redigendus esset propter cotidianas interfectiones hominum villarumque depredaciones. Inter has tribulacionum angustias Vicelinus sacerdos ortabatur populum [in Deo] spem suam constituere, agere letanias in ieiunio et attricione cordis, eo quod dies mali instarent. Heinricus itaque, qui comeciam administrabat, vir ocii impaciens et strennuus in armis, congregato latenter de Holzatis et Sturmariis exercitu hiemali tempore intravit Slaviam, aggressusque eos qui pre manibus erant et quasi sudes defixae in oculis Saxonum, percussit eos plaga magna, omnem scilicet terram Plunensem, Lutilenburgensem, Aldenburgensem omnemque regionem quae inchoat a rivo Sualen et clauditur mari Baltico et flumine Trabena. Omnem hanc terram una incursacione preda et incendio vastaverunt preter urbes, quae vallis et seris munitae obsidionis propensius studium perquirebant. Proxima estate Holzati se mutuo adhortantes etiam sine comite castrum Plunen adierunt divinoque adiuti presidio municionem hanc ceteris firmiorem preter spem obtinuerunt, Slavis, qui inibi erant, occisioni traditis. Gesseruntque eo anno bellum perutile vastaveruntque crebris incursibus terram Slavorum feceruntque eis, ut sibi facere proposuerant, omni terra eorum in solitudinem redacta. Habueruntque Holzati pro omine bellum illud Transalbianum Saxonum, eo quod invenissent libertatem ulciscendi se de Slavis, nemine scilicet obsistente. Nam principes Slavos servare solent tributis suis augmentandis. Postquam igitur Heinricus, gener Lotharii regis, auxilio socrus Rikenze imperatricis ducatum obtinuit et nepotem suum Adelbertum Saxonia deturbavit, Adolfus comes rediit in comeciam suam. Videns autem Heinricus de Badewid, quia subsistere non potest, succendit castrum Sigeberg arcemque firmissimam Hammemburg, quam comitis Adolfi mater murato opere construxerat, ut esset firmamentum urbi contra impetus barbarorum. Hanc igitur domum et quicquid nobile senior Adolfus construxerat Heinricus fugam meditans demolitus est. Post haec Heinricus Leo cepit armari adversus Conradum regem duxitque contra eum exercitum in Thuringiam, ad locum qui dicitur Cruceburg. Bello itaque per inducias protracto dux rediit in Saxoniam et post non multos dies mortuus est. Obtinuitque filius eius Heinricus Leo ducatum Saxoniae, puer adhuc infantulus. Tunc domna Ghertrudis, mater pueri, dedit Heinrico de Badewid Wairensium provinciam, accepta ab eo pecunia, volens suscitare pressuras Adolfo comiti, eo quod non diligeret eum. Postquam autem eadem domna nupsit principi Heinrico, fratri Conradi regis, et alienata est a negociis ducatus, accessit Adolfus comes ad ducem puerum et consiliarios eius acturus, causam suam super Wairensi terra, prevaluitque et iustiori causa et auctiori pecunia. Dissensiones igitur, quae fuerunt inter Adolfum et Heinricum, taliter compacatae sunt, ut Adolfus Sigeberg et omni Wairorum terra potiretur, Heinricus in recompensacionem acciperet Raceburg et terram Polaborum.

Edificacio civitatis Lubicanae. Capitulum LVII.

His vero in hunc modum ordinatis Adolfus cepit reedificare castrum Sigeberg cinxitque illud muro. Quia autem terra deserta erat, misit nuntios in omnes regiones, Flandriam scilicet et Hollandriam, Traiectum, Westfaliam, Fresiam, ut, quicumque agrorum penuria artarentur, venirent cum familiis suis accepturi terram optimam, terram spaciosam, uberem fructibus, redundantem pisce et carne et commoda pascuarum gratia. Dixitque Holzatis et Sturmariis: 'Nonne vos terram Slavorum subegistis et mercati eam estis in mortibus fratrum et parentum vestrorum? Cur igitur novissimi venitis ad possidenduram eam? Estote primi et transmigrate in terram desiderabilem et incolite eam et participamini deliciis eius, eo quod vobis debeantur optima eius, qui tulistis eam de manu inimicorum'. Ad hanc vocem surrexit innumera multitudo de variis nacionibus, assumptis familiis cum facultatibus venerunt in terram Wairensium ad comitem Adolfum, possessuri terram, quam eis pollicitus fuerat. Et primi quidem Holzatenses acceperunt sedes in locis tutissimis ad occidentalem plagam Segeberg, circa flumen Trabenam, campestria quoque Zuentineveld et quicquid a rivo Sualen usque Agrimesov et lacum Plunensem extenditur. Dargunensem pagum Westfali, Utinensem Hollandri, Susle Fresi incoluerunt. Porro Plunensis adhuc desertus erat. Aldenburg vero et Lutilenburg et ceteras terras mari contiguas dedit Slavis incolendas, factique sunt ei tributarii.

Post haec venit comes Adolfus ad locum qui dicitur Bucu invenitque ibi vallum urbis desolatae, quam edificaverat Cruto Dei tirannus, et insulam amplissimam gemino flumine cinctam. Nam ex una parte Trabena, ex altera Wochniza preterfluit, habens uterque paludosam et inviam ripam. Ex ea vero parte, qua terrestre iter continuatur, est collis contractior, vallo castri prestructus. Videns igitur industrius vir competentiam loci portumque nobilem cepit illic edificare civitatem vocavitque eam Lubeke, eo quod non longe abesset a veteri portu et civitate, quam Heinricus princeps olim constituerat. Transmisitque nuntios ad Niclotum Obotritorum principem componere cum eo amicicias, omnes nobiliores donariis sibi adeo astringens, ut omnes ei obsequi et terram eius compacare decertarent. Ceperunt igitur inhabitari deserta Wairensis provinciae, et multiplicabatur numerus accolarum eius. Vicelinus quoque sacerdos invitante pariter et adiuvante comite predia recepit, quae Lotharius imperator ad constructionem monasterii et subsidium servorum Dei iam olim sibi coram castro Sigeberg contradiderat.

Capitulum LVIII.

Visum autem fuit eis propter incommoda fori et tumultus castrenses monasterium in proximo oppido, quod Slavice Cuzalina, Teutonice Hagerestorp dicitur, fundacione commodissimum esse. Misitque eo venerabilem sacerdotem Volcwardum cum industriis viris, qui oratorio et claustralibus officinis subrigendis operam darent. Porro forensis ecclesia in curam parrochiae ad radices montis posita est. In diebus illis nobilissimus vir Thethmarus, domni Vicelini quondam discipulus et in studio apud Franciam socius, relicta prebenda et decania Bremensi devovit se Falderensi collegio, vir contemptor huius seculi, sectator voluntariae paupertatis et in spiritali conversacione summae perfectionis. Cuius per omnia extollenda sanctitas tanto humilitatis culmine et benignitatis vigore subnixa erat, ut videres inter homines angelum, scientem compati infirmitatibus singulorum, temptatum autem per omnia. Destinatus post haec Hagerestorp, quae et Cuzelina, cum aliis fratribus hominibus novae transmigracionis magno solacio fuit. Domnus quoque Vicelinus novellae ecclesiae sibi commissae sollers curator omni studio enisus est, ut ecclesiae locis oportunis edificarentur, providens eis de Faldera tam sacerdotes quam reliqua altaris utensilia.

De beato Bernardo abbate Clarevallensi. Cap. LIX.

Circa tempora dierum illorum ortae sunt res novae et toti orbi stupendae. Presidente enim sanctissimo papa Eugenio, Conrado quoque tercio gubernacula regni moderante, claruit Bernardus Clarevallensis abbas, cuius fama tanta signorum fuit opinione celebris, ut de toto orbe conflueret ad eum populorum frequentia cupientium videre quae per eum fiebant mirabilia. Hic itaque egressus in Teutonicam terram venit ad celebrem curiam

Frankenvorde, quo tunc forte rex Conradus cum omni principum frequentia festivus occurrerat. Cum igitur sanctus vir in ecclesia positus curandis egrotis in nomine Domini propensius instaret astante rege et summis potestatibus, incertum erat inter tantas populorum catervas, quid quis pateretur, aut cui forte subveniretur. Aderat illic comes noster Adolfus, certius nosse cupiens ex operacione divina virtutem viri. Inter haec offertur ei puer cecus et claudus, cuius debilitatis nulla potuit esse dubitacio. Cepit igitur sagacissimus intentare sollerter, si forte posset in hoc puero sanctitatis eius experimentum capere. Cuius incredulitati veluti divinitus edoctus vir Dei remedium providens puerum preter morem [iussit] sibi applicari -, ceteros enim verbo tantum consignavit, hunc vero exhibitum manibus excepit oculisque morosa contrectacione visum restituit, deinde genua contracta corrigens iussit eum currere ad gradus, manifesta dans indicia recuperati tam visus quam gressus. Cepit sanctus ille, nescio quibus oraculis edoctus, adhortari principes ceterasque fidelium plebes, ut proficiscerentur Ierusalem ad comprimendas et Christianis legibus subigendas barbaras orientis naciones, dicens appropiare tempora, quo plenitudo gentium introire debeat, et sic omnis Israel salvus fiat. Protinus ad verba exhortantis incredibile dictu est, quanta populorum caterva se ad profectionem eandem devoverit; in quibus primi et precipui erant Conradus rex, Frethericus Sueviae dux, qui postea regnavit, Welph dux, cum episcopis et principibus, milicia nobilium et ignobilium vulgariumque numero estimacionem excedente. Quid dicam de Teutonicorum exercitu, cum et Lodewicus Parisiorum rex et omnis Francigenarum virtus in id ipsum aspiraverint? Non est recognitum vicinis temporibus nec auditum a diebus seculi tantum convenisse exercitum, exercitum, inquam, grandem nimis. Fueruntque signati titulo crucis in vestibus et armatura. Visum autem fuit auctoribus expedicionis partem exercitus unam destinari in partes orientis, alteram in Hyspaniam, terciam vero ad Slavos, qui iuxta nos habitant.

De Conrado et Lodewico regibus. Cap. LX.

Primus igitur, qui et maximus, abiit terrestri itinere cum rege Alemanniae Conrado et rege Franciae Lodewico et precipuis utriusque regni principibus, transieruntque regnum Ungariae, quousque pervenirent prope fines Greciae. Miseruntque legatos ad regem Greciae, ut daret eis conductum mercatumque transire cupientibus terram suam. Ille licet admodum territus, annuendum tamen decrevit, si quidem pacifici venissent. Cui remandaverunt se nichil inquietudinis moliri, qui propter ampliandos fines pacis peregrinacionem ultroneam assumpserint. Dedit igitur eis rex Greciae iuxta placitum conductum forumque habundans rerum venalium, ubicumque castra locanda fuissent. Multa vero portenta visa sunt in exercitu illis diebus, futurae cladis demonstrativa. Quorum vel precipuum fuit, quod vespere quodam nebula densissima cooperuit castra, qua recedente universa papilionum tegmina vel quae sub divo fuerant adeo sanguine respersa comparuerunt, ac si nimbus ille sanguinem compluerit. Quod videns rex ceterique principum coniecerunt se ad maximos labores et mortium pericula evocatos. Nec fefellit eos coniectura. Non enim multo post venerunt in montana quaedam, ubi cum invenissent vallem pratis rivoque decurrente commodissimam, metati sunt castra in devexum montis latus. Porro iumenta oneraria cum bigis et quadrigis victualia sarcinasque militum portantibus, armentorum quoque in carnis esum ingens numerus in vallis medium collocata fuerant prope decursum aquae et pascuarum commoda. Appropiante vero nocte audita sunt in montis supercilio fragor tonitruum sonitusque tempestatis; tum ecce noctis medio, nescio an nubium eruptione vel quo eventu, torrens ille auctior erumpens quicquid vallis humilior habuit in hominibus et iumentis in momento eluit et in mare proiecit. Hanc igitur primam exercitus iacturam exceperunt milites peregrinacionis illius. Ceteri, qui residui fuerant, perrexerunt cepto itinere transeuntesque Greciam pervenerunt ad regiam urbem Constantinopolim. Quo per dies aliquot recreato exercitu, venerunt ad sinum maris, qui vulgarium more dicitur Brachium Sancti Georgii. Illic providerat eis rex Grecie naves ad transducendum exercitum, adhibens notarios, qui expeditorum sibi numerum perferrent. Quo relecto graviter ingemuit et ait: 'Quare eduxisti, domine Deus, populum hunc multum de sedibus suis? Vere brachio virtutis tuae indigent, ut iterum videant terram desiderabilem, terram, inquam, nativitatis suae'. Transmisso igitur mari Lodewicus rex Franciae direxit iter versus Ierosolimam et pugnantibus secum barbaris universum perdidit exercitum. Quid dicam de rege Alemanniae et his qui cum eo fuerant? Universi perierunt fame et siti, transducti in desertum maximum dolo legati regis Greciae, qui eos in fines Persarum ducere debuerat. Adeo contabuerunt fame et siti, ut incursantibus barbaris ultro cervices prebuerint. Rex et validiores quique, qui neci superfuerant, in Greciam refugerunt. O iudicia excelsi! Tanta fuit clades exercitus et miseria inexplicabilis, ut eorum qui interfuerunt adhuc hodie lacrimis deplangatur.

Expugnacio Lacebonae. Capitulum LXI.

Secundus vero navalis exercitus, Colonia et aliis civitatibus Reni conflatus, preterea litore fluminis Wiserae, navigare ceperunt latissima oceani spacia, quousque venirent Brittanniam. Quo per aliquot dies resarcita classe, non modica etiam Anglorum et

Brittannorum adiecta manu torserunt vela versus Hyspaniam. Applicueruntque ad Portugalensem nobilissimam Galaciae urbem, adoraturi apud Sanctum Iacobum. Rex igitur Galaciae letior effectus de adventu peregrinorum rogavit, ut, si propter Deum pugnaturi exissent, fierent sibi auxilio contra Lacebonam, qui fines Christianos inquietabant. Cuius peticioni faventes abierunt Lacebonam cum magna navium copia; rex quoque terrestri accedens itinere validum adduxit exercitum, et obsessa est civitas terra marique. Multum igitur temporis effluxit in obsidione civitatis. Ad ultimum capta civitate pulsisque barbaris rex Galaciae rogavit peregrinos, ut darent sibi civitatem vacuam, divisa prius inter eos socialiter preda. Factaque est illic Christicolarum Colonia usque in presentem diem. Hoc solum prospere cessit de universo opere, quod peregrinus patrarat exercitus.

De Nicloto. Capitulum LXII.

Tercius signatorum exercitus devotaverunt se ad gentem Slavorum, Obotritos scilicet atque Luticios nobis confines, ulturi mortes et exterminia, quae intulerunt Christicolis, precipue vero Danis. Huius vero expedicionis capitanei erant Albero Hammemburgensis et universi Saxoniae episcopi, preterea Heinricus dux adolescens, Conradus dux de Saringe, Adelbertus marchio de Saltvidele, Conradus de Within. Audiens igitur Niclotus, quia congregandus esset in brevi exercitus ad destruendum eum, convocavit universam gentem suam et cepit edificare castrum Dubin, ut esset populo refugium in tempore necessitatis. Direxitque nuntios ad comitem Adolfum commonens eum federis, quod pepigerant, simul etiam rogans preberi sibi facultatem colloquendi ei et consilio participandi. Cumque comes rennueret dicens hoc incautum sibi propter offensam principum, ille mandavit ei per nuntios dicens: 'Decreveram quidem esse oculus tuus et auris tua in terra Slavorum, quam incolere cepisti, ne quas patereris molestias Slavorum, qui olim Wagirensium terram possederunt et causantur se privatos iniuste hereditate patrum suorum. Quare igitur dissimulas amicum tuum in tempore necessitatis? Nonne temptacio probat amicum? Hactenus continui manus Slavorum, ne lederent te, nunc tandem libet retrahere manum et permittere te tibimet, eo quod fastidieris amicum tuum nec recordatus fueris federis et negaveris michi faciem tuam in tempore necessitatis'. Dixeruntque nuntii comitis ad Niclotum: 'Quod dominus noster hac vice non loquitur tibi, impedit ea, quam nosti, necessitas. Habe igitur adhuc gratiam fidei et sponsionis tuae erga dominum nostrum, ut, si videris contra eum bella Slavorum clam consurgentia, premunias eum'. Et promisit Niclotus. Dixit igitur comes habitatoribus terrae suae: 'Habete cautelam iumentorum et substantiarum vestrarum, ne forte rapiantur a furibus vel a latronibus; de publico vero periculo meum erit prospicere, ne qua improvisi exercitus incursione involvamini'. Putabat enim vir sapiens repentinas bellorum iacturas sese consilio conclusisse. Sed res aliter cesserunt.

Combustio navium. Capitulum LXIII.

Sentiens enim Niclotus irrevocabilem esse iuratae expedicionis profectionem, clam parat navalem exercitum transmissoque freto applicat classem ad ostium Travenae percussurus omnem Wagirensium provinciam, priusquam Saxonum exercitus infunderetur suis terminis. Transmisitque vespere nuntium Segeberg, eo quod promisisset comiti premunire eum, sed supervacua legacione; comes quippe defuit, et non erat tempus congregandi exercitum. Illucescente ergo die,

CXIII

qua sanctorum Iohannis et Pauli passio veneranda celebratur, descendit navalis Slavorum exercitus per ostium Travenae. Tunc cives Lubicanae urbis audito murmure exercitus inclamaverunt viros urbis dicentes: 'Audivimus vocem clamoris maximi quasi vocem supervenientis multitudinis et ignoramus, quid sit'. Miseruntque ad civitatem et ad forum nuntiare eis inminens periculum. Sed populus multa potacione [temulentus] neque strato neque navibus ammoveri potuit, quo usque hostibus circumvallati naves mercibus onustas iniecto igne perdiderunt. Interfectique sunt illic eo die ad trecentos et eo amplius viros. Rodolfus sacerdos et monachus, dum fugeret ad castrum, preventus a barbaris mille vulneribus confossus est. Porro hii qui in castro erant biduo atrocissimam obsidionem pertulerunt. Duae quoque equitum turmae omnem Wagirensium terram pervagantes quicquid in suburbio Segeberg repererunt demoliti sunt. Pagum quoque qui Dargune dicitur et quicquid infra Travenam a viris Westfalis, Hollandris ceterisque extraneis populis incultum fuerat flamma vorax absumpsit, feceruntque cedes virorum fortium, qui forte armis obsistere temptassent, et duxerunt uxores eorum et filios in captivitatem. Pepercceruntque viris Holzatensibus, qui habitant ultra Travenam ad occidentalem plagam Segeberg, substiteruntque in agris oppidi Cuzalinae et non adiecerunt ultra progredi. Villas preterea, quae erant in campestribus Zuentinevelde et extenduntur a rivo Sualen usque ad rivum Agrimesov et lacum Plunensem, non devastaverunt Slavi nec quicquam attigerunt de substantiis hominum illic degentium. Sermo fuit eo tempore omnium ore pertritus quosdam Holzatensium hoc perturbacionis malum conflasse propter odium advenarum, quos comes late congregaverat ad incolendam terram. Unde etiam communis iacturae soli

Holzati extorres inventi sunt. Sed et Utinensis civitas adiuta locorum firmitate salvata est.

De Gerlaco presbitero. Capitulum LXIIII.

Rem dicam posteritatis memoria dignam. Qua Slavi Wagirensium terra ad libitum abusi novissime venerunt ad pagum Susle, vastaturi Fresonum coloniam, quae illic erat, quorum numerus ad quadringentos et eo amplius viros supputatus fuerat. Adventantibus autem Slavis vix centum reperti sunt in municiuncula, ceteris in patriam reversis propter ordinandum peculium illic relictum. Succensis ergo quae foris erant videres his qui in municione erant gravissimam inferri expugnacionis iacturam; tota enim die a tribus milibus Slavorum fortiter inpugnati sunt, illis quidem victoriam presumentibus veluti indubiam, his vero supremum spiritum pugnae dilacione redimentibus. Sed cum viderent Slavi, quia victoria non cederet eis incruenta, promittunt Fresonibus vitam et membrorum integritatem, si municione progressi dedissent arma. Ceperunt ergo quidam ex obsessis appetere dedicionem ob spem vitae. Quos arguens fortissimus sacerdos: 'Quid est', inquit, 'o viri, quod agere vultis? Putatis vos dedicione vitam redimere aut barbaris fidem inesse? Fallimini, viri compatriotae, stulta est haec opinio. An nescitis, quia in omni advenarum genere apud Slavos nulla gens detestabilior Fresis? Sane fetet eis odor noster. Quare igitur abicitis animas vestras ultro properantes ad interitum? Contestor vos per Dominum, factorem orbis, cui non est difficile salvare in paucis, ut adhuc paululum experiamini vires vestras et conseratis manus cum hostibus. Quam diu enim vallo hoc circundamur, sumus manuum nostrarum et armaturae compotes, vita nobis in spe sita est; inermibus vero preter ignominiosam mortem reliquum nichil est. Gladios igitur vestros, quos ultro sibi expetunt, mergite prius in medullis eorum et estote ultores sanguinis vestri. Hauriant gustum audaciae vestrae nec victoria redeant incruenta'. Et haec dicens ostendit eis magnanimem spiritum obiectusque portis cum uno tantum viro hostium cuneos propulit, percussitque de manu propria ingentem Slavorum numerum. Excusso denique uno oculo et ventrem perfossus nichil remissius egit in pugna, divinum quoddam robur tam in animo quam in corpore preferens. Nichil itaque melius a notissimis illis filiis Sarviae vel a Machabeis quondam pugnatum est quam a sacerdote Gerlavo virisque perpaucis in castro Susle, defenderuntque municionem de manu vastatorum. His auditis comes congregavit exercitum, ut pugnaret cum Slavis et eiceret eos de terra sua. Quo rumore comperto Slavi redierunt ad naves et abierunt onusti de captione hominum et de varia suppellectile, quam predati fuerant in terra Wagirorum.

De obsidione Dimin. Capitulum LXV.

Interim volat haec fama per universam Saxoniam et Westfaliam, quia Slavi facta eruptione bellum priores adorsi fuerint; et festinavit omnis illa expedicio signo crucis insignita descendere in terram Slavorum et zelare iniquitatem ipsorum. Partitoque exercitu duas munitiones obsederunt, Dubin atque Dimin, et fecerunt contra eas machinas multas. Venit quoque Danorum exercitus et additus est his qui obsederant Dubin, et crevit obsidio. Una igitur dierum considerantes hii qui tenebantur inclusi, quia Danorum exercitus segnius ageret - hii enim domi pugnaces, foris imbelles sunt -, facta subita eruptione percusserunt ex eis multos et posuerunt eos crassitudinem terrae. Quibus etiam subveniri non poterat propter interiacens stagnum. Ob quam rem exercitus ira permotus pertinacius instabant expugnacioni. Dixerunt autem satellites ducis nostri et marchionis Adelberti adinvicem: 'Nonne terra, quam devastamus, terra nostra est, et populus, quem expugnamus, populus noster est? Quare igitur invenimur hostes nostrimet et dissipatores vectigalium nostrorum? Nonne iactura haec redundat in dominos nostros?' Ceperunt igitur a die illa facere in exercitu tergiversaciones et obsidionem multiplicatis induciis alleviare. Quotiens enim in congressu vincebantur Slavi, retinebatur exercitus, ne fugitantes insequerentur et ne castro potirentur. Ad ultimum nostris iam pertesis conventio talis facta est, ut Slavi fidem Christianam reciperent et laxarent Danos, quos in captivitate habuerant. Multi igitur eorum falso baptizati sunt, et de captione hominum relaxaverunt omnes senes et inutiles ceteris retentis, quos servicio robustior aptaverat etas. Taliter illa grandis expedicio cum modico emolumento soluta est. Statim enim postmodum in deterius coaluerunt; nam neque baptisma servaverunt nec cohibuerunt manus a depredacione Danorum.

De fame. Capitulum LXVI.

Comes autem noster convulsas reparans amicicias fecit pacem cum Nicloto et cum ceteris orientalibus Slavis. Nec tamen integre credebat eis, eo quod federa prima violassent et percussissent terram suam attricione maxima. Cepitque consolari populum suum, quem vastitas hostilis attriverat, orans eos, ne casibus adversis cederent, hoc cognoscentes, quod marcomannos oportet duram habere pacientiam et prodigos esse sanguinis sui. In redimendis quoque captivis devotus extitit. Quid dicam de sacerdote Christi Vicelino? In ea calamitate, qua barbaricus furor multos attriverat, et frumentorum penuria famem parturiverat, omnibus qui in Faldera et Cuzelina fuerant summopere commendavit, ut pauperum memores essent. Ad quod opus vir Dei Thetmarus fuit incomparabiliter idoneus, dispergens et dans pauperibus

CXVII

minister fidelis et prudens, ubique caritativus, ubique largus. In cuius laudem parum est quod loquor. Sane pectus sacerdotis misericordia refertum suavissimo fraglabat odore, iacebantque pro foribus monasterii greges egenorum expectantium elemosinam de manu viri Dei, adeo ut locus ille ad inopiam redigendus videretur propter largitatem viri. Obserabantur igitur a procuratoribus ostia domesticae rei, ne curia subiaceret detrimento. Quid faceret homo Dei? Clamores pauperum ferre non poterat, nec fuit ad manus quod daret. Cepit ergo vir misericors curiosius agere et circuire horrea, explorare callidus aditum, quo etiam secretius reperto egit in modum furantis, dans cotidie pauperibus iuxta oportunitatem. Ferebatur autem a fidissimis nobis, quod isdem diebus exinanita frumentaria penus divinitus recuperata sit. Prebet huic facto firmitatem opus Helyae necnon Helisei, quorum emulos sicut virtutis, sic etiam miraculi adhuc superesse non est ambiguum.

De morte Edeleri. Capitulum LXVII.

Modicum igitur temporis effluxit, quo Wagirensi terrae de preterita calamitate respirare concessum est, et ecce nova prelia surrexerunt ab aquilone, quae apponerent dolorem dolori, vulnus vulneri. Occiso enim Herico, cui cognomen erat Emun, remanserunt tria genimina regum, scilicet Suen eiusdem Herici filius, Waldemarus Kanuti filius, Kanutus Magni filius. Qui cum adhuc infantuli essent, consilio Danorum positus est eis tutor quidam Hericus cognomento Spac, qui regnum cum regia sobole tutaretur. Fuitque vir ille pacificus, cum tranquillitate creditum sibi gubernans regnum, nisi quod Slavorum furiis minus obstitit. Nam latrocinia Slavorum eo tempore solito plus invaluerunt. Sentiens autem Hericus appropiare diem mortis suae convocavit tres adolescentes regios, adhibitoque magnatum consilio

Suen destinavit ad regnum, Waldemarum et Kanutum hereditate paterna iussit esse contentos. Ordinatisque taliter rebus defunctus est. Nec mora Kanutus Magni filius rupta tutatoris sui disposicione conatus est arripere regnum movitque contra Suenonem prelia magna. Porro Waldemarus partes Sueni adiuvabat. Et commota est universa Dania, et visa sunt magna signa in celo versus aquilonem, species quasi ignearum facularum et humani cruoris similitudo rutilantis. Nec fefellerunt portenta. Quis enim ignoret strages factas in eo prelio?

Certabat igitur uterque regum asciscere sibi comitem nostrum, miseruntque nuntios cum donariis, plura offerentes et ampliora promittentes. Complacuitque comiti ad Kanutum, habitoque colloquio fecit ei hominium. Quod factum zelatus est Suein, assumptaque manu armata transivit in Wagirensem terram et succendit Aldenburg et demolitus est omnem terram maritimam, et digrediens inde succendit suburbium Segeberg, et quaecumque in circuitu eius erant vorax absumpsit flamma. Huius autem mali fuit auctor Ethelerus quidam de Thetmarsia natus, qui diviciis Danorum sublevatus omnem fortem de Holzatia sibi sociaverat. Factusque ductor regis volebat comitem provincia pellere terramque eius addere regno Danorum. Quod factum cum innotuisset comiti, transiit ad ducem, ut protegeretur ab eo. Nec enim in Holzacia tute consistere poterat, eo quod increvissent homines Etheleri, qui insidiabantur vitae eius. Quicumque voluisset fieri homo Etheleri, veniebat, ut acciperet in munere byrrum, clypeum vel equum, atque donis huiusmodi corrupta repleta est terra sediciosis. Precepit igitur dux omni populo Holzatorum et Sturmariorum, ut, sicubi reperti fuissent homines Etheleri, aut renuntiarent hominio aut provincia secederent. Et factum est ita. Iuravitque omnis populus stare ad mandatum ducis et obaudire comiti suo.

Sociatusque est sibi vir Holzatensis in die illa, sediciosis omnibus aut reductis in gratiam aut provincia pulsis. Misit igitur comes nuntios ad Kanutum suggerens, ut quantocius cum exercitu veniret oppressurus Suein. Cui etiam ipse occurrit cum quatuor milibus expeditorum prope Sleswich. Fixeruntque castra longis ab invicem spaciis. Morabatur autem Suein in civitate Sleswich cum non minima bellatorum manu. Videns igitur Ethelerus, princeps exercitus Suein, quia duplicata sunt mala, multusque exercitus venit ad obsidendum eos, abiit ad Kanutum in dolo, dataque pecunia principibus exercitus seduxit adolescentiam Kanuti, ut rediret in terram suam inscio comite Adolfo et dimitteret exercitum, unumquemque in locum suum. Prefixis quoque induciis spopondit se sine bello pacem Danis redditurum. His ad libitum peractis rediit Ethelerus Sleswich, mane pugnaturus cum comite et percussurus eum repente. Eo vespere quidam familiarium comitis erat Sleswich, qui sentiens ea quae clam parabantur transiit cum festinacione lacum et veniens in castra dixit ad comitem: 'Deceptus es, o comes, deceptus atque pessundatus es. Kanutus enim et exercitus eius, in quorum auxilio tu venisti, reversi sunt in terram suam, et tu solus hic iaces. Ecce venturus est Ethelerus diluculo pugnare tecum'. Comes igitur supra quam credi potest admirans inposturam dixit ad suos: 'Quoniam quidem in medio miricae consistimus, et equi nostri afficiuntur inedia, bonum est nos hinc transire locumque querere castris oportunum'. Sensit igitur exercitus animum comitis sinistra legacione concussum. Moveruntque castra de loco qui dicitur Cuningis-Ho verteruntque iter versus Egderam. Tanta autem festinantia preterlapsi sunt, ut veniente comite ad Egderam de IIIIor milibus expeditorum vix quadringenti cum eo reperti fuerint. Quos comes adhortans ait: 'Licet fratres et amicos nostros huius ignaros rei fugaverit cassus timor, michi tamen utile videtur nos hic consistere propter custodiam terrae nostrae, quousque directis nuntiis certius agnoscamus, quid actitent hostes nostri'. Statimque misit nuntios, qui veritatem perferrent. Quibus apud Sleswich comprehensis et in vincula coniectis dixit Ethelerus ad regem dominum suum: 'Iam nunc festinandum est et eundum cum exercitu, quia facile est, ut tradatur comes iste desolatus in manus nostras; quo percusso transibimus in terram eius et abutemur ea prout libuerit'. Et abierunt cum manu forti. Comes igitur irritatus, quia nuntii iuxta placitum non redissent, alios misit nuntios, qui visis hostibus cum celeritate nuntiaverunt comiti. Ille, licet intus morderetur suorum paucitate, elegit tamen virtutis intuitu confligere, dixitque ad socios: 'En tempus est, o socii, quo comperiendum sit, ubi sit vir audax et virtutis continens, qui ruinas pronus excipere velit. Sepius quidem michi a nostratibus obiectum est cum insultacione, quasi muliebre cor et fugax habuerim, qui bellorum iacturas plus lingua quam manu propulerim. Et hoc quidem non inprudens egi, quociens bella sine sanguine caveri poterant. Nunc autem, quia inmanius periculum indiget opera manuum, videri iam fas est, si femineus, ut dicitis, michi insit animus. Quin pocius videbitis dante Deo michi cor inesse virile. Animequior autem ero, si vestra concors mecum fuerit voluntas, si in defensionem patriae mecum coniurata manu steteritis. Hoc enim loco presidium pugnae flagitat et verecundia fugae et certissimum patriae excidium'. Haec cum perorasset comes, gratulati sunt socii grandique iuramento se obligaverunt, ut starent firmiter pro salute suimet et patriae. Precepit igitur comes effringi pontem et posuit custodiam in locis, quibus permeabilis erat fluvius. Venit autem nuntius, qui diceret hostes transduci prope villam quae dicitur Scullebi. Facta igitur oratione ad Deum comes festinavit pugnare cum his qui transducti fuerant, priusquam universus transiret exercitus. Statimque, ubi congressi sunt, comes equo deiectus est, et fuerunt ei presidio duo milites, qui sublevatum equo restituerunt. Et fuit pugna vehemens et victoria utrimque ambigua, quousque unus partium comitis proclamavit, ut poplites equorum, quos hostes insidebant, fortiter cederentur. Factumque est, ut cadentibus equis sessores quoque loricati collaberentur, gladiisque nostratum protriti sunt. Et cecidit Ethelerus, ceteri nobiles aut occisi sunt aut capti. Quod videns rex ex altera ripa fluminis et qui cum eo erant peciit fugam et reversus est Sleswich. Sed et comes reversus est clarus victoria, habens captivos insignes, quorum pecunia debitis suis aliquantisper alleviatus est.

Habuitque de cetero precipuam terrae suae diligentiam. Quociens enim motionis aliquid insonuit aut de Danis aut de Slavis, statim collocavit exercitum in locis oportunis, videlicet Travenemunde sive ad Egderam. Fueruntque parentes mandato eius plebes Holzatorum, Sturmariorum atque Marcomannorum. Vocantur autem usitato more Marcomanni gentes undecumque collectae, quae marcam incolunt. Sunt autem in terra Slavorum marcae quam plures, quarum non infima nostra Wagirensis est provincia, habens viros fortes et exercitatos preliis tam Danorum quam Slavorum. Super hos omnes functus est comes honore comeciae. Fecitque iusticiam populo suo, compacans dissidentia et oppressos liberans de manu potentiorum. Clero fuit adprime benivolus, quem nec in facto nec in verbo passus est a quoquam iniuriari. Multum vero laboris adhibuit in edomandis rebellibus Holzatorum; gens enim libera et cervicosa, gens agrestis et indomita detrectabat ferre iugum pacis. Sed vicit eos altior sensus viri, et philosophatus est in eis. Multis enim precantacionibus allexit eos, quousque duceret sub lorum illos, inquam, onagros in domitos. Viderit qui voluerit faciem gentis huius inmutatam, eos scilicet qui soliti quondam fuerant sevum caput abdere larvis et depredandis tendere decipulas, furari quae rapere non poterant, viderit, inquam, eos convertisse mores et revocasse gressus ad iter pacis. Nonne haec est mutatio dexterae excelsi? Post haec reconciliatus est comes Suein regi Danorum. Ille enim crebris prosperatus victoriis Kanutum eiecit de terra et ad Saxones propulsum exulare coegit penes nominatissimum Hartwigum archiepiscopum, qui clarissimo genere natus magna pollebat hereditate.

De duce Heinrico. Capitulum LXVIII.

In diebus illis dux noster adolescens domnam Clementiam, filiam Conradi ducis de Cerigge, duxit uxorem cepitque dominari in universa terra Slavorum, succrescens sensim et invalescens. Quociens enim offendissent eum Slavi, admovit eis martiam manum, dederuntque ei pro vita simul et patria quicquid exigere voluisset. In variis autem expedicionibus, quas adhuc adolescens in Slaviam profectus exercuit, nulla de Christianitate fuit mentio, sed tantum de pecunia. Adhuc enim inmolabant demoniis et non Deo et agebant piraticas incursaciones in terram Danorum.

De Hartwigo archiepiscopo. Capitulum LXIX.

Videns igitur domnus Hartwigus Hammemburgensis archiepiscopus, quia pax erat in Slavia, proposuit reedificare sedes episcopales, quas barbaricus furor olim destruxerat in Slavia, scilicet Aldenburgensem, Racisburgensem, Mikilinburgensem. E quibus Aldenburgensem Magnus Otto primus instituerat, subiciens ei Polabos et Obotritos a terminis Holzatorum usque ad flumen Penem et civitatem Dimin. Posuitque in Aldenburg primum pontificem Marconem. Post hunc secundus erat Ecwardus, tercius Wago, quartus Ezike, quintus Folchardus, sextus Reinbertus, septimus Benno, octavus Meinnerus, nonus Abelinus, decimus Ezo. Huius temporibus surrexit in Hammemburgensi ecclesia magnus Adelbertus, qui de peregrinis episcopis, quos in mensa sua habebat, Iohannem statuit episcopum in Mikilinburg, Aristonem Racesburg, atque in hunc modum Aldenburgensis sedes in tres divisa est episcopatus. Postquam igitur permittente Deo propter peccata hominum Christianitas adnullata est in Slavia, vacaverunt hae sedes annis octoginta IIIIor usque in tempora Hartwici archiepiscopi. Qui propter generis nobilitatem duplici principatu clarus magno studio enisus est pro recuperandis suffraganeis episcopis universae Daciae, Norwegiae, Suediae, quos Hammemburgensi ecclesiae quondam pertinuisse commemorat antiquitas. Sed cum obsequiis et variis largicionibus nil profecisset apud papam et cesarem, ne omnino careret suffraganeis, aggressus est iam pridem abolitos episcopatus Slaviae suscitare. Accitum igitur venerabilem sacerdotem Vicelinum Aldenburgensi sedi consecravit episcopum, cum iam esset etate provectus et mansisset in terra Holzatorum triginta annis. Porro in Mikilinburg ordinavit domnum Emmehardum, et consecrati sunt ambo in Rossevelde missique in terram egestatis et famis, ubi erat sedes Sathanae et habitacio omnis spiritus inmundi.

Factaque sunt haec inconsulto duce et comite nostro. Unde accidit, ut amicicia, quae erat inter domnum Vicelinum et comitem, deinceps turbata sit; nam antea eum ut patrem venerabatur. Tulitque decimas omnes anni illius, quae pontifici novo provenire poterant, non dimisit ex eis parvas reliquias. Tunc abiit episcopus ad ducem rogaturus veniam et susceptus est ab eo cum honore et reverentia. Et ait dux ad eum: 'Dignum quidem fuit, o episcope, ut vos nec salutarem nec reciperem, eo quod nomen istud me inconsulto susceperitis. Ego enim huius rei moderator esse debueram, maxime in [hac] terra, quam patres mei favente Deo in clipeo et gladio suo obtinuerunt et michi possidendam hereditaverunt. Sed quia sanctitas vestra dudum michi comperta est, progenitores quoque nostri vos ab inicio fidelem probaverunt, decrevi iam noxae huius oblivisci promocionique vestrae pleno favore concurrere, scilicet ea condicione, si investituram episcopalem de manu mea recipere volueritis. Hoc enim pacto res vestrae processum habere poterunt'. Et visum est episcopo verbum istud durum, eo quod esset preter consuetudinem. Episcopos enim investire solius imperatoriae maiestatis est. Quidam igitur fidelium ducis, Heinricus de Witha, vir potens et militaris et amicus episcopi, dixit ad eum: 'Facite quod vobis utile est et appropinquate domino nostro et facite voluntatem eius, ut edificentur ecclesiae in Slavia et dirigatur cultus domus Dei in manibus vestris. Alioquin frustrabitur labor vester, eo quod nec cesar nec archiepiscopus possit iuvare causam vestram domino meo obnitente; Deus enim dedit ei universam terram hanc. Quid autem grande requirit a vobis dominus meus, quod vobis aut illicitum sit aut verecundum? Quin potius res facilis est et conducens fructum magnum, ut dominus meus accipiat virgulam et det in manum vestram pro signo investiturae, sitisque de cetero familiaris ducis, habentes honorem inter gentes, ad quas ingrediemini convertendas'. Rogavit igitur episcopus preberi sibi inducias, ut deliberaret super verbo hoc. Dimissusque pacifice venit Bardewich, ubi mortali tactus egritudine per dies aliquot moratus est. Illic enim incidit paralysin, in qua usque ad extremum vitae suae laborare visus est. Sedata vero aliquantulum egritudine perductus est Falderam in vehiculo, multumque temporis effluxit, quo eum infirmitas ecclesiastico labori subtraxerat. Etatis enim mole gravior morbus accesserat. Ubi autem ei vires Deus prestitit, abiit Bremam consulturus archiepiscopum et clerum super verbo hoc, quod imposuerat ei dux. Qui omnes una eademque sententia refragari ceperunt dicentes: 'Scimus quidem, o venerabilis pontifex, sanctitati vestrae optime cognitum esse, quid vobis super verbo hoc expediat. Sed quia venistis participari consilio nostri, breviter respondemus quod sentimus. Primum igitur in hoc negocio pensari decet, qualiter investiturae pontificum imperatoriae tantum dignitati permissae sint, quae sola excellens et post Deum in filiis hominum preminens; hunc honorem non sine fenore multiplici conquisierunt. Neque imperatores dignissimi levitate usi sunt, ut episcoporum domini vocarentur, sed compensaverunt noxam hanc amplissimis regni diviciis, quibus ecclesia copiosius aucta, decentius honestata iam non vile reputet se ad modicum cessisse subiectioni nec erubescat uni inclinari, per quem possit in multos dominari. Ubi enim dux vel marchio, ubi in regno principatus, quantumlibet magnus, qui pontificibus manus non offerat, recusatus oportune inportune se non ingerat? Certatim currunt, ut homines fiant ecclesiae et participes fiant beneficiorum eius. Vos igitur honorem hunc pessundabitis et infringetis iura magnis auctoritatibus edita? Dabitisne duci huic manus vestras, ut hoc exemplo incipiant esse principum servi, qui fuerant principum domini? Non decet etatem vestram, honestatis decore maturam, ut per vos incipiant abusiones fieri in domo Domini. Longe fiat a vobis verbum istud. Quod si furor principis erga vos effrenatius egerit, nonne satius est ferre iacturam bonorum quam honoris? Auferant, si velint, decimas, obcludant vobis introitum, si placet, parrochiae vestrae, tolerabilis erit ista molestia. Habetis certe Falderensem domum, in qua tuta interim stacione consistere possitis et prestolari cum silentio salutare Dei'. His et huiusmodi verbis averterunt eum, ne voluntatem ducis adimpleret.

Parturivit sane persuasio haec novellae plantacioni multiplex impedimentum. Quociens enim pontifex noster ducem adiit interpellaturus pro negociis ecclesiae, ille se paratum esse respondit ad omnia, quae poposcisset utilitas, si primum sibi debitus honor exhibitus fuisset, alioquin frustra contra impetum fluminis iri. Pontifex autem humilis facile inclinatus fuisset, ut propter lucrum ecclesiae duci secularis honoris cupido morem gessisset, si archiepiscopus et ceteri Bremensium non obstitissent. Nam et ipsi vaniglorii atque diviciis adultae ecclesiae saturi honori suo hoc in facto derogari putabant nec magnopere fructum, sed numerum suffraganearum sedium curabant. Quod vel in hoc maxime patuit, quia in possessionibus Falderensis ecclesiae archiepiscopus multas episcopo nostro fecit iniurias, demens et convellens aliqua nec tutum permanere sinens in stacione, quam ipse ei deputaverat. Videres igitur virum antea magni nominis, possessorem libertatis et compotem suimet, post acceptum episcopale nomen quasi innodatum vinculis quibusdam et supplicem omnium. Homo enim pacis suae, in quo speravit, avertit eum a via consilii et pacis, ne scilicet applicaretur his, per quos ecclesiae fructificatio pullulare posset.

Fecit igitur quod status ille temporis permisit, visitavit ecclesias parrochiae suae ministrans plebibus monita salutis, prebens eis pro iure officii sui spiritalia, cum ipse tamen non meteret eorum temporalia. Siquidem comes decimarum iura tollebat. Dedicatum est igitur eo tempore oratorium Cuzelinae, quae alio nomine Hogerestorp dicitur. Sed et ecclesia Bernhovede tunc dedicata est. Venit quoque ad novam civitatem quae Lubeke dicitur confortare manentes illic et dedicavit ibi altare domino Deo. Inde progrediens visitavit Aldenburg, ubi sedes quondam episcopalis fuerat, et receptus est a barbaris habitatoribus terrae illius, quorum deus erat Prove. Porro nomen flaminis, qui preerat supersticioni eorum, erat Mike. Sed et princeps terrae vocabatur Rochel, qui fuerat de semine Crutonis, ydolatra et pirata maximus. Cepit igitur pontifex Dei proponere barbaris viam veritatis, quae Christus est, adhortans eos, ut relictis ydolis suis festinarent ad lavacrum regeneracionis. Pauci autem Slavorum applicuerunt se fidei, eo quod languor fortissimus esset, et necdum inclinata essent corda principum ad edomanda corda rebellium. Dedit autem episcopus pecuniam cesoribus lignorum ad impensas sanctuarii, et ceptum est opus fabricae prope vallum urbis antiquae, quo omnis terra die dominica propter mercatum convenire solebat.

De comite Adolfo. Capitulum. LXX.

In diebus illis congregavit dux exercitum, ut abiret in Bawariam et requireret ducatum, quem vitricus suus Heinricus, frater Conradi regis, occupaverat. Venit igitur ad eum dominus noster episcopus Lunenburg rogans, ut semper solebat, pro episcopatus sui promotione. Cui dux: 'Faciam', inquit, 'quod hortamini, si ad nos respectum habere volueritis'. Ad quem episcopus: 'Paratus sum', ait, 'propter eum, qui se humiliavit propter nos, me ipsum in proprietatem dare alicui de clientibus vestris, nedum vobis, cui Deus ampliorem inter principes contulit magnificentiam tam generis quam potentiae'. Et his dictis fecit quod necessitas imperarat et suscepit episcopatum per virgam de manu ducis. Animequior autem factus dux ait: 'Quia videmus vos obedientes esse voluntati nostrae, oportet et nos sanctitati vestrae condignam gerere reverentiam et peticioni de cetero proniores adesse. Sed quia nunc in procinctu sumus itineris, et ordinacio vestrae causae prolixius tempus requirit, damus interim vobis villam Buzoe, quam petistis, cum sua pertinentia Dulzaniza, ut edificetis vobis domum in medio terrae vestrae et prestolari possitis reditum nostrum. Tunc enim propicio Deo disponendis rebus vestris propensius instabimus'. Rogavitque comitem Adolfum, ut huic donacioni preberet assensum. Cui respondit comes: 'Ex quo dominus meus flexus est ad pietatem, decet nos voluntati eius concurrere et pro posse nostro ei suffragari. Possessionem igitur, quam dominus meus permisit episcopo, et ego permitto. Insuper cedo de medietate decimarum, ut cedant in usus episcopi, non ex debito, sed ex gratia vestri, eo quod res episcopales necdum ordinatae sint'.

Commisit igitur dux custodiam terrae Slavorum atque Nordalbingorum comiti nostro compositisque rebus in Saxonia profectus est cum milicia, ut reciperet ducatum Bawariae. Porro ductrix, domna Clementia, remansit Lunenburg, fuitque comes clarissimus in domo ducis et officiosus in obsequio ductricis paterque consilii. Quam ob rem venerabantur eum principes Slavorum, maxime vero reges Danorum, qui laborantes intestino bello certabant eum prevenire muneribus. Kanutus enim, qui profugus exulabat apud archiepiscopum, conflato de Saxonia conducticio exercitu reversus est in Daniam, et additi sunt ei omnes pene, qui habitabant Iuthlandiae. Hoc audito Suein contraxit maritimas copias transmissoque mari venit ad civitatem Wiberge, et commiserunt reges prelium, et fusae sunt copiae Saxonum et ad internicionem deletae. Kanutus fuga lapsus venit in Saxoniam. Post modicum tempus rursum venit in Daniam et receptus est a Fresonibus, qui habitabant Iuthlandiae, venitque Suein et pugnavit cum eo debellatumque ad Saxones fugere compulit. Cui crebro per fines Holzatorum itineranti comes noster beneficus extitit prebens conductum et cetera humanitatis officia. Regnavitque Suein in Dania cum maxima tyrannide, maximis semper victoriis fortunatus.

Slavorum furiis minus obstitit preliis irretitus domesticis. Fertur tamen eos in Selande strage maxima tempore quodam pervasisse.

De Nicloto. Capitulum LXXI.

In diebus autem, quibus dux aberat, venit Niclotus princeps terrae Obotritorum ad domnam Clementiam ductricem Luneburg et conquestus est in facie eius et amicorum ducis, quia Kycini et Circipani paulatim rebellare ceperint et obniti tributis iuxta morem persolvendis. Et destinatus est comes Adolfus et populus Holzatorum et Sturmariorum, ut adiuvarent Niclotum et coercerent rebellionem contumacium. Abiitque comes cum duobus milibus et amplius electorum, Niclotus quoque contraxit exercitum de Obotritis, et abierunt pariter in terram Kycinorum et Circipanorum et pervagati sunt terram hostilem omnia vastantes demoliti sunt. Videntes autem indigenae, quia non essent eis vires resistendi, redemerunt se inmensa pecunia, defectum quoque vectigalium integraverunt cum cumulo. Tunc Niclotus delectatus victoria gratias comiti retulit amplissimas revertentemque prosecutus est ad extremitatem finium suorum, cautissimam exercitui adhibens diligentiam. Ab eo die firmatae sunt amiciciae inter comitem et Niclotum. Habueruntque frequentius colloquium Lubeke sive Travenemunde pro commodis utriusque terrae.

Fuitque pax in terra Wagirorum, accepitque per gratiam Dei novella plantacio sensim incrementum. Forum quoque Lubicense crescebat in singulos dies, et augebantur naves institorum eius. Domnusque Vicelinus episcopus incolere cepit insulam quae dicitur Bozoe et habitavit sub fago, quousque extruerent casas, in quibus consistere possent. Cepit autem illic ecclesiam edificare in nomine Domini et in commemoracionem beati Petri apostolorum principis. Porro utensilia domus et quae sufficerent curandis aratris providit episcopus de Cuzelina et de Faldera. Inicia vero episcopatus erant in magna teneritudine, eo quod comes alias optimus episcopo soli fuerit mediocriter bonus.

De Conrado rege. Capitulum LXXII.

Cum haec igitur in provincia Slavorum gererentur, dux noster morabatur in Suevia intentans vitrico suo bellum, sed non valens. Ille [enim] adiuvabatur a rege fratre, iniustum esse perhibente quemquam principum duos habere ducatus. Audiens igitur Adelbertus marchio et alii quam plures principum ducem nostrum minime prosperari et veluti inter hostes conclusum, miserunt ad regem, ut quantocius cum exercitu veniret in Saxoniam obsessurus Brunswich et obpressurus amicos eius. Posuit ergo rex custodiam per omnem Sueviam, ne forte dux elaberetur, ipse vero abiit Goslariam accepturus Brunswich et omnia castra ducis. Instabat autem sacra nativitas Domini. Intelligens igitur dux consilium regis in malum et intercisum sibi digressum Sueviae fecit denuntiari omnibus amicis suis, tam liberis quam ministerialibus, ut convenirent ad urbem quandam acturi cum eo diem sollempnem. Fecitque verbum hoc diffamari et personari in auribus vulgi. Assumptisque tribus fidissimis viris vespere quodam mutavit vestem et elapsus de castro nocturnum aggressus est iter et transiens medias hostium insidias quinto demum die apparuit Bruniswich, et amici eius antea merore confecti insperatam resumpsere fiduciam. Castra vero regis approximabant Bruniswich, constituta in loco qui dicitur Heninge. Venit igitur nuntius, qui diceret regi comparuisse ducem Bruniswich, quo certius recognito dissimulabat progredi. Reversusque est Goslariam, et

CXXXI

adnullata sunt ea quae fuerant regis molimine suscepta. Et defendit se dux de circumventione principum, qui insidiabantur animae eius, et obtinuit ducatum Saxoniae, succrescens et invalescens in singulos dies. Porro ducatum Bawariae requirere non poterat omni tempore quo Conradus rex supervixit.

Quo non longe postea defuncto successit in regnum Fredericus fratruelis eius. Conradus enim rex plures habuit fratres, quorum primi erant Heinricus dux Bawariae et Fredericus dux Sueviae, cuius filius equivocus positus est in regnum. Anno igitur incarnati verbi M'C' quinquagesimo primo regnavit Fredericus huius nominis primus rex, et elevatum est solium eius super solium regum, qui fuerant ante eum diebus multis. Invaluitque sapientia et fortitudine super omnes inhabitantes terram. Mater eius fuit amita ducis nostri.

Transitus Tetmari prepositi. Capitulum LXXIII.

Circa tempus dierum illorum occisus est Heremannus comes in castro Winzeburg, vir potens et magnarum pecuniarum, et ortae sunt contentiones inter ducem nostrum et marchionem Adelbertum propter castra et facultates eius. Propter hos compacandos denuntiavit rex curiam apud Marcipolim civitatem Saxoniae mandavitque principibus sollempniter adesse. Missa quoque legacione reges Danorum tumultuantes evocavit, ut decerneret inter eos mediante iusticia. Tunc Kanutus, quem tercio Dania pulsum supradictum est, venit ad ducem nostrum rogans, ut eius conductu et auxilio in curia potiri mereretur. Porro archiepiscopus conduxit Suein regem, habens inter multos religiosos et honestos viros domnum Vicelinum episcopum in comitatu suo. Et habita est curia illa celebris apud Marcipolim, ubi principes Danorum confederati sunt, Suein coronato in regem, ceteris eidem, hominio subactis. Dissensio autem, quae erat inter ducem et marchionem, sedari non poterat, eo quod principes elati regis adhuc recentis monita parvipenderent. Persuasit igitur archiepiscopus Vicelino episcopo, ut investituram de manu regis perciperet, non fructum ecclesiae, sed odium ducis intentans. At ille non consensit, ratus iram ducis implacabiliter accendi; in hac enim terra sola ducis auctoritas attenditur.

Soluta est curia, Vicelinus episcopus reversus est in parrochiam suam. Invenitque sanctissimum virum Thetmarum presenti vitae subtractum. Quod nimirum episcopo maximam intulit mesticiam. Ille enim dulcissimus vir, omnium semper devocione complectendus, neminem suo tempore visus est habuisse comparem. Ut enim de vita eius quiddam breviter summatimque perstringam, ante conceptum matri sancte revelatus ab ipsis cunabulis mancipatus est altaris ministerio commendatusque bono magistro discipulus optimus perseveravit in disciplina usque ad viriles annos, discipulus in Brema, socius in Francia, sustinuit iugum magistri cum patientia iuxta illud Iheremiae: Bonum est viro, cum portaverit iugum ab adolescentia sua. Post reditum [a Francia] abeunte domno Vicelino in Slaviam veluti sublato pedagogo relictus est sibimet. Qualis igitur apud Bremam in regendis scolis, qualis in decania fuerit, dixerint Bremenses. Hoc commemorasse sat est, quia post digressum eius lumen ecclesiae illius sublatum Brema clamabat. Translatus igitur in Falderam ob desiderium melioris vitae magnum gaudium attulit suae presentiae domno Vicelino. Sed et omnibus, quos angulus ille horroris et vastae solitudinis continebat, nova quaedam facies orta est de adventu tanti hospitis. Post aliquot annos dilatante Deo fines ecclesiae, missus est Cuzelinam, quae et Hogerestorp, et incolis novae habitacionis magno solacio fuit. Captivis enim et

CXXXIII

despoliatis tanta pietate concurrebat, ut dandi magnitudo vires domus illius adhuc tenerae excedere videretur. Inter orandum enim sive legendum aures eius semper vigilabant ad ostium suspensae, quando veniret egenus pulsans et petens. Reverebatur eum comes Adolfus, eo quod redargueret culpas eius nec parceret delinquenti. Duriciam enim cordis eius, quam exhibuit episcopo, venerabilis iste sacerdos adhibitis emplastris emollire sategit, sed omne medicamentum altior morbus evicit. Audito tamen eo multa faciebat, sciens eum virum iustum et sanctum. Expletis igitur, postquam in hac terra mansit, annis decem infirmitate correptus est, absente scilicet episcopo et apud Marcipolim posito. Cum autem fratres lecto egrotantis appliciti spem recuperandae salutis instaurarent, ille cum magna recusacione aiebat: 'Nolite, fratres dilecti, presentis vitae dilacionem michi repromittere, nolite spiritum meum de peregrinacionis fatigio ad patriam tendentem huiuscemodi verbis affligere. Ecce decem anni sunt, ex quo vitam meam sub professionis huius titulo protrahi rogavi, et exauditus sum, nunc tandem laborum requies oranda est; et confido de solita pietate Dei, quia nec hac peticione frustrabor'. Augebantur igitur torsiones vitalium, nec tamen in defectu corporis vigor interioris hominis emarcuit. Completum est in eo illud Salemonis: Fortis est ut mors dilectio, flumina et venti non potuerunt extinguere eam. In moriente vivebat caritas, quae in exhausto corpore integrabat affectum, prebentem fratribus solatium de merore, consilium in rebus ambiguis, morum edificacionem, imprimentem cordibus amicorum novissima quaedam valedictionis vestigia, nunquam abolenda. Sed nec inmemor dilectissimi patris sui Vicelini orabat perintime vias eius a Deo dirigi, per hunc sibi viam salutis et spem regni patefactam multociens congratulans. Venerunt igitur ad egrotum fraterna sollicitudine prior Falderensis ecclesiae Eppo et Bruno sacerdos et post visitacionem exhibuerunt ei sacrae unctionis officium. Quo venerabiliter percepto, participacione nichilominus vivifici corporis Domini communitus, perseverabat in gratiarum actione. Nocte igitur, qua vigilia pentecosten obvenerat, hoc est XVI. Kal. Iunii, pervigil in oratione, precibus invitavit angelos, suffragia sanctorum interpellavit omnium, iamque recedente anima movebatur adhuc lingua in oratione et confessione laudis. O dignissimum sacerdotem, o gratissimam Deo animam! Felicem dixerim in cursu, sed feliciorem in perventione, qui brevissimi laboris compendio apud Deum gloriam meruit sempiternam, apud homines sanctae recordacionis affectum.

De sepultura eiusdem. Capitulum LXXIIII.

Cuius venerabilis sacerdotis transitum longe ante predicere solebat Luthbertus frater, qui miliciam huius seculi servitute Dei commutans cum famulo Dei Thetmaro pauperum qui erant in hospitali curam gessit. Hic tempore quodam visitans Falderam vultum pretendit plus solito subtristem atque lacrimis suffusum. Interrogatus causas mesticiae respondit merito se tristari, qui patris amantissimi presentia destituendus esset in brevi. Fatetur nichilominus de his non somniantem, sed vigilantem divinitus se instructum. Nec longe post prophetantis verbum velox sacerdotis obitus subsecutus est. Fratres quoque, quos intimus viri affectus flere coegit, revertentes ad cor hauserunt spem et resumpserunt spiritum consolacionis, memores oraculi. Ubi igitur in Faldera nuntiatum est de obitu eius, statim miserunt nuntios ad transferendum corpus, eo quod ipse discedens hoc intentius oravisset. Quod tamen venerabilibus fratribus Theoderico, Ludolfo, Luthberto et ceteris qui illic degebant nullatenus persuaderi potuit, dicentes omnes se malle mori quam tanto pignore privari, quod Wagirensi ecclesiae noviter ceptae futurum esset et honori et solacio. Confluentibus igitur de Segeberge et de vicinis oppidis fidelium populis corpus sanctum terrae commendatum est cum multa pauperum lamentacione de sua destitucione conquerentium. Magnificetur igitur Deus in sanctis suis, qui virum hunc perfecit sibi dignum sacerdotem, consummatum vocatione felici. Vobis quoque, o patres Lubicanae rei publicae, salus abundantior erit a Domino, si virum talem digne excolueritis, statuentes eum in fronte eorum, qui diruta ecclesiae vestrae in nova culmina surgere fecerunt.

De infirmitate Vicelini episcopi. Capitulum LXXV.

Post decessum preclari sacerdotis Thietmari Vicelinus episcopus reversus est de curia Marcipolitana, frustrato labore propter sterilitatem principum. Domnus enim archiepiscopus et dux, in quibus summa rerum in hac terra consistebat, prepedientibus simul odio et invidia nullos Deo placitos fructus facere poterant. Certabat uterque, cuius esset terra, vel cuius esset potestas statuendi episcopos, caverantque diligentissime, ne quilibet eorum cederet alteri. Sed nec comes Adolfus, licet in multis probatus, rebus episcopalibus animum plene accommodaverat. Accesserat his malis episcopo nostro amplior tristicia de obitu domni Thietmari, quo adhuc superstite tolerabilius videbatur omne quod urgebat. Afficiebatur igitur tedio spiritus in singulos dies, quesivit consolantem se et non invenit. Transactis autem, postquam de curia venerat, paucis diebus venit Buzoe, quo domum et ecclesiam edificare ceperat, et plebibus illic aggregatis prebuit verbum salutis. Iam enim circumiacentia oppida incolebantur paulatim a Christicolis, sed cum grandi pavore propter insidias latronum. Castrum enim Plunense necdum reedificatum fuerat. Consummans igitur pontifex sacra misteria et offerens novissimum Deo sacrificium pronus adoravit in terra coram altari Domini, rogans fortissimum Deum, ut cultus ipsius propagaretur tam in eo loco quam in universa latitudine Slaviae. Multociens autem hominibus transmigracionis inter exhortatoria verba presagiebat cultum domus Dei sublimem in brevi futurum in Slavia, et ne deficerent animis, habentes duram patientiam ob spem meliorum. Valedicens igitur sacerdoti venerabili Brunoni et ceteris quos loco eidem prefecerat et confortans manus eorum in Domino reversus est Falderam, ubi infra septem dies correptus est virga Dei et adeo paralisi dissolutus est, ut manus eius et pes, totum denique latus dextrum exaruerint, quodque omnibus miserabilius fuit, privatus est officio linguae. Conturbati sunt hoc spectaculo omnes qui viderant, virum scilicet incomparabilis facundiae, doctorem magnum, exuberantem verbo sacrae exhortationis et veritatis defensione, subito lingua membrisque destitutum et per omnia factum inutilem. Quam dissonae igitur fuerint populorum sententiae, quam temeraria multorum nomine tenus iudicia religiosorum, piget reminisci, nedum verbis prosequi. Dicebant, quia Deus dereliquit eum, nec intendebant scripturae dicenti: Beatus qui corripitur a Domino. Dolebant autem irremediabili afflictione omnes qui erant in Faldera et Cuzelina, maxime vero hii qui in has terras primi cum eo venerant et consenuerant cum eo sub pondere diei et estus. Adhibebatur autem egroto medicorum opera, inefficax tamen, providente scilicet divinitate meliora de eo et viciniora saluti. Dissolvi enim et esse cum Christo multo melius. Duobus igitur annis et dimidio versatus est in lecto egritudinis, nec sedere nec iacere contentus. Curabatur autem propensius fratrum diligentia prebentium ei necessaria corporis et ad ecclesiam eum deferentium. Nunquam enim missarum

CXXXVII

sollempniis vel communioni sacrae abesse voluit, nisi forte infirmitas gravior obstitisset. Tantis Deum gemitibus et interno cordis clamore compellabat, ut aspicientes vix a fletu temperaverint. Gubernabat eo tempore domum prior eiusdem loci, venerabilis Eppo, vir magni in Christo meriti. Porro Cuzelinam et ecclesias quae in Wagira erant regebat domnus Ludolfus, ille, inquam, qui olim in Lubeke multos propter ewangelium Christi labores pertulerat. Huic preposituram Cuzelinae, dum adhuc sanus esset, episcopus commendaverat.

Capitulum LXXVI.

Una igitur dierum allocutus est dux comitem dicens: 'Perlatum est ad nos iam pridem, quod civitas nostra Bardewich magnam diminucionem civium patiatur propter Lubicense forum, eo quod mercatores omnes eo commigrent. Idem conqueruntur hii qui sunt Luneburg, quod sulcia nostra devorata sit propter sulciam, quam cepistis habere Thodeslo. Rogamus igitur, ut detis nobis medietatem civitatis vestrae Lubike et sulciae, possimusque tolerabilius ferre desolacionem civitatis nostrae. Alioquin precipiemus, ne fiant mercaciones de cetero in Lubike. Non enim ferendum est nobis, ut propter aliena commoda desolari paciamur hereditatem patrum nostrorum'. Sed cum rennueret comes reputans incautam sibi huiuscemodi conventionem, mandavit dux, ne de cetero haberetur forum Lubike, nec esset facultas emendi sive vendendi, nisi ea tantum quae ad cibum pertinent. Et iussit mercimonia transferri Bardewich ad sublevandam civitatem suam. Sed et fontes salis qui erant Thodeslo ipso tempore obturari fecit. Et factum est verbum istud comiti nostro et terrae Wagirensi in offensionem et profectuum impedimentum.

De Evermodo episcopo. Capitulum LXXVII.

Nec hoc pretermittendum videtur, quod dilatante Deo fines ecclesiae ordinatus est Racisburg episcopus domnus Evermodus, prepositus de Magdeburg, deditque ei comes Polaborum Heinricus insulam ad inhabitandum prope castrum. Preterea trecentos mansos resignavit duci dandos in dotem episcopii. Porro decimas terrae recognovit episcopo, quarum tamen medietatem recepit in beneficio, et factus est homo episcopi, exceptis trecentis mansis, qui cum omni integritate tam redituum quam decimarum sunt episcopi. Interfuit his rebus agendis domnus Ludolfus, prepositus de Cuzelina, et dixit ad comitem presente comite nostro Adolfo: 'Quoniam comes terrae Polaborum benefacere cepit erga pontificem suum, decet, ut noster comes non faciat minorem partem suam. Ampliora enim de ipso presumenda sunt, utpote de homine litterato, habente scientiam rerum Deo placentium'. Tunc comes noster secutus factum comitis Polaborum remisit de beneficio suo trecentos mansos, qui oblati sunt per manus ducis in dotem Aldenburgensis episcopatus.

Transitus Vicelini. Capitulum LXXVIII.

Post haec abiit dux noster in Italiam cum rege pro corona imperiali. Quo absente Vicelinus episcopus ingravescente morbo diem clausit extremum. Obiit autem II' Idus Decembris, anno videlicet incarnati verbi M°C°LIIII°. Sedit autem in episcopatu annis quinque, ebdomadibus novem. Corpus eius tumulatum est in Falderensi ecclesia, presente scilicet domno Racisburgensi episcopo et officium consummante. Agebatur igitur intensius memoria boni patris tam in Faldera quam in Cuzelina, fuitque prefixum curatoribus, quid singulis diebus dari deberet in elemosina pro remedio animae eius. Fuit autem in Cuzelina sacerdos quidam Volchardus nomine, minister mensae, quique primus ad Falderam cum domno Vicelino venerat, industrius in actionibus extrinsecis. Hic ergo elemosinas pro boni pastoris anima constitutas dare neglexit, parcus in rebus supra quam necesse esset. Apparuit igitur venerabilis pontifex mulieri cuidam consistenti in pago Segeberg circumamictus cultu sacerdotali dixitque ad eam: 'Vade et dic Volchardo sacerdoti, quia impie agit circa me subtrahens ea quae pro remedio animae meae fratrum michi devocio subputavit'. Cui mulier: 'Quis', inquit, 'domine, vitam vobis atque linguam donavit? Nonne fama latius percrebruit vos multis diebus vel annis lingua privatum, postremo etiam morte defunctum? Unde igitur haec?' Quam ille blando vultu consolans: 'Ita est', ait, 'ut loqueris, sed haec melius nunc instaurata recepi. Nuntia igitur memorato sacerdoti, ut celerius suppleat quod subtraxit, quin etiam hoc adiunges, ut novem officia expleat post me'. Et his dictis recessit. Ubi igitur nuntiata sunt haec sacerdoti, abiit Falderam consulere super verbo hoc. Interrogatus autem confessus est culpam iuxta sermonem viri Dei promisitque meliorationem. Porro de novem officiis post eum a sacerdote complendis, nobis diversa commentantibus, veritas incognita fuit, sed rei eventus verbum, quod latebat, citius aperuit. Idem enim presbiter novem post episcopum ebdomadibus vixit, declaratumque est septimanas officiis presignatas.

Qualiter Vicelinus cecam illuminavit. Cap. LXXVIIII

Sed et hoc commemorare devocio persuadet, quod vir clarissimus Eppo, pontifici pro vitae reverentia valde familiaris existens, inconsolabiliter lugebat pro defuncti patris absentia. Quod cum multis diebus ageret, sepe dictus pontifex virgini cuidam castae et simplici in sompnis astitit dicens: 'Dic fratri nostro Epponi, quatinus cesset flere, quia bene sum et fletibus eius condoleo; ecce enim lacrimas eius in vestibus meis porto'. Dixerat haec, et ostendit ei vestem nivei candoris totam lacrimis infusam. Quid dicam de illo nobis notissimo, cuius supprimo nomen? Ita enim placuit, eo quod adhuc superstes sit et habitet in Faldera velitque latere. Hic post mortem pontificis necdum expletis triginta diebus audivit eum in visione dicentem repositam sibi requiem cum famosissimo illo Bernardo Clarevallensi. Cui cum diceret: 'Utinam vos essetis in requie!' ille respondit: 'Sum Dei gratia, et vos quidem credidistis me mortuum; ego autem vivo et semper postea vixi'. Grata profecto nec onerosa fiet devoto lectori unius adhuc rei descriptio, quam in laudem Dei et commendacionem pontificis nostri gestam multorum probat noticia. Erat in Falderensi parrochia in villa quae dicitur Horgene matrona quaedam Adelburgis nomine, pontifici propter vitae simplicitatem admodum familiaris. Hanc postmodum luminibus orbam venerabilis pater consolari frequentius assuevit, adhortans eam virgam paternae correptionis pacienter sustinere nec deficere in tribulacionibus, oculos scilicet ei in celo repositos esse repromittens. Post transitum igitur pontificis vix annus emensus est, viditque mulier illa in visione nocturna assistentem eum sibi et de statu salutis ipsius sollicite percunctantem. Cui illa: 'Quae', inquit, 'michi salus, quae in tenebris sum et lumen non video? Ubi, queso, domine, consolaciones tuae, quibus oculos meos in celo repositos dicebas? Ego autem protrahor in hac miseria, et cecitas inveterata perdurat'. 'Noli', ait, 'diffidere de gratia Dei nostri'. Statimque pretendens dexteram signum venerabile crucis oculis eius impressit, adhibens benedictionem. Mane igitur facto evigilans femina sensit ex operacione Dei cum tenebris noctis pulsas tenebras cecitatis. Tunc exiliens e stratu mulier prona cecidit in terram, exclamans in gratiarum actione, et dedignata ducem proprios direxit gressus ad ecclesiam, pulchrum de illuminacione sua prebens spectaculum omnibus notis et amicis. Fecitque postmodum de manu propria velum ad operiendum sepulchrum pontificis in testificacionem et monimentum illuminacionis suae. Multa quidem et alia fecit Deus per virum hunc laudabilia dignaque relatu, quae non sunt scripta in libro hoc.

Faldera, igitur, pontificis magni letetur honore, Virtutes animo contegat, ossa solo.

Vos quoque, qui residetis in architriclinio ecclesiae Lubikanae, excipite virum hunc, virum, inquam, quem mera narracione vobis propino, ideo utique mera, quia vera. Neque enim hunc dissimulare penitus valebitis, qui primus in civitate vestra nova erexit lapidem in titulum, fundens oleum desuper.

De Geroldo Aldenburgensi episcopo. Cap. LXXX.

Post transitum Vicelini episcopi fratres de Faldera recesserunt a subiectione Aldenburgensis episcopatus ob laboris fastidium et elegerunt sibi prepositum domnum Epponem, virum sanctum. Porro episcopalis electio domino duci reservata est. Fuit autem eo tempore sacerdos quidam Geroldus nomine, Suevia natus, parentibus non infimis, capellanus ducis, scientia divinarum scripturarum adeo imbutus, ut neminem in Saxonia videretur habere parem, in corpore pusillo magnanimus, magister scolae in Bruneswich et canonicus urbis eiusdem, familiaris principi propter continentiam vitae. Preter munditiam enim cordis Deo cognitam castissimus habebatur in corpore. Propositum igitur habens habitum assumendi monachicum in loco qui dicitur Ridegeshuse sub obedientia abbatis Conradi, ad quem sibi fuerat germanus sanguis et amor, herebat autem in curia ducis corpore magis quam animo. Ubi ergo fama vulgavit Vicelinum episcopum obisse, domina ductrix allocuta est Geroldum sacerdotem: 'Si tibi propositum est serviendi Deo sub austeritate vitae, assumito tibi laborem utilem et lucrosum et perge in Slaviam et sta in opere, in quo fuit Vicelinus episcopus. Hoc enim faciens et tibi et aliis proderis. Omne bonum si in commune deductum fuerit, maius bonum est'. Accersivit igitur domina per litteras Ludolfum prepositum de Cuzelina commendatumque sacerdotem transmisit cum eo in Wagirensem terram eligendum in episcopum. Accessitque peticioni principis cleri plebisque concors electio. Aberat tunc forte episcopus, qui consecraret electum. Ille enim duci ab inicio invisus tunc vero amplius insidiabatur calcaneo eius, eo quod dux occupatus esset expedicione Italica, et communita sunt adversus eum castra episcopi Stadhen, Vorden, Horeborg, Friburg.

In diebus illis orientalis Saxoniae principes et aliqui de Bawaria conspiracionis, ut dicebatur, gratia condixere colloquium, evocatusque archiepiscopus occurrit eis in saltu Boemico. Quo postea reditum maturante vetitus est a ducensibus redire in parrochiam suam, exclususque mansit toto pene anno in orientali Saxonia. Surgens igitur noster electus abiit post eum in Saxoniam quesitumque reperit apud Marcipolim, Aldenburgensem episcopatum in alteram personam demutare parantem. Enimvero prepositum quendam in partibus illis bene erga se meritum hoc honore remunerare decreverat, magna quaedam, sed supervacua de diviciis huius episcopatus iactitans. Audito igitur adventu domni Geroldi perturbatus est animo cepitque velle irritare electionem, pretendens inmaturam ecclesiam et personis adhuc quasi vacuam sine sui permissione nec eligere nec discernere quicquam posse. At nostri obtendere ceperunt ratum esse opus electionis, quam perfecisset postulacio principis, concordia cleri, aptitudo personae. Tunc archiepiscopus: 'Non est', inquit, 'huius temporis vel loci talium explanacio, expediet hanc causam, cum rediero, Bremense capitulum'. Videns igitur electus archiepiscopum adversantem sibi remisit Ludolfum prepositum et eos qui cum ipso venerant in Wagiram, ipse vero succinctus abiit in Sueviam designaturus duci per nuntium suum de statu suo. Cui dux remandavit, ut celerius veniret in Longobardiam, veluti processurus cum ipso Romam. Quo mandatis parente in exeundo Suevia incursatus est a latronibus, amissoque viatico de gladio graviter vulneratus in frontem est. Nec his prepeditus vir estuantis animi profectus est itinere cepto, perveniensque Terdonam, ubi erant castra regis, benigne susceptus est a duce et amicis eius. Porro rex et universi principes expugnabant Terdonam, et obsessa est civitas diebus multis. Ad ultimum capta civitate fecit deponi muros eius et adequari solo. Inde proficiscente exercitu fecit dux episcopum nostrum comitari secum in Italiam, ut offerret eum domno papae.

Miserunt igitur Romani legatos ad regem in castra, qui dicerent ei paratum esse senatum et universos cives Urbis ad excipiendum eum cum triumphalibus pompis, siquidem imperatorio more sese exhibuisset. Quo percunctante modum, quo sese exhibere deberet, illi aierunt: 'Regem propter imperiale fastigium Romam venientem decet venire more suo, hoc est in curru aureo, purpuratum, agentem pre curribus suis tyrannos bello subactos et divicias gentium. Preterea oportet eum honorare Urbem, quae caput est orbis et mater imperii, et dare senatui quae edictis prefixa sunt, videlicet quindecim milium libras argenti, ut per hoc suscitentur animi senatus ad benivolentiam et exhibeant ei honorem triumphalem, et quem electio principum regni creavit regem, auctoritas senatus perficiat cesarem'. Tunc rex subridens: 'Grata', inquit, promissio, sed cara emptio. Magna requiritis, o viri Romani, de exinanita camera nostra. Puto autem, quia occasiones queritis adversum nos imponendo non imponenda. Consultius vero agetis, si his omissis amicitiae pocius nostrae quam armorum ceperitis experimentum'. At illi pertinacius instabant, dicentes iura civitatis nullatenus irritanda, sed gerendum morem senatui, alioquin adventanti claustra Urbis obicienda.

Consecratio Frederici imperatoris. Cap. LXXXI.

His auditis rex missa legacione per summos et honorabiles viros accersivit domnum Adrianum papam in castra propter participacionem consilii. Siquidem Romani papam in multis offenderant. Veniente igitur eo in castra rex festinus occurrit et desidenti de equo tenuit strepam duxitque per manum eum in tentorium. Facto autem silencio locutus est domnus Bavembergensis episcopus verbum ex ore regis et principum dicens: 'Honorabilem sanctitatis tuae presentiam, apostolice pontifex, sicut iam dudum sicienter desideravimus, ita nunc letanter suscipimus, gratias agentes omnium bonorum largitori Deo, qui nos deduxit et adduxit in hunc locum et sacratissima visitatione tua dignos fecit. Notum igitur esse tibi cupimus, reverende pater, quia omnis haec ecclesia de finibus orbis propter honorem regni collecta adduxerunt principem suum ad tuam beatitudinem, provehendum ad culmen imperialis honoris, virum nobilitate generis conspicuum, animi prudentia instructum, victoriis felicem, preterea etiam in his quae ad Deum pertinent prepollentem, observatorem sanae fidei, amatorem pacis et veritatis, cultorem sanctae ecclesiae, super omnia vero sanctae Romanae ecclesiae, quam amplexatur ut matrem, nichil negligens eorum, quae ad honorem Dei et apostolorum principis exhibenda maiorum iubet tradicio. Dat huic rei credulitatem humilitas nunc exhibita; enimvero venientem te suscepit intrepidus et applicitus sanctissimis vestigiis tuis fecit ea quae iusta sunt. Restat igitur, domne pater, ut et tu circa ipsum peragas ea quae tua sunt, ut ea quae de plenitudine culminis imperialis ei desunt per Dei gratiam tuo opere suppleantur'. Ad haec domnus papa respondit: 'Verba sunt, frater, quod loqueris. Dicis principem tuum condignam beato Petro exhibuisse reverentiam. Sed beatus Petrus magis videtur inhonoratus; denique, cum dexteram deberet tenere strepam, tenuit sinistram'. Haec cum per interpretem regi nuntiata fuissent, humiliter ait: 'Dicite ei, quia defectus hic non fuit devocionis, sed scientiae. Non enim tenendis strepis magnopere studium dedi; enim vero ipse, ut memini, primus est, cui tale obsequium dependi. Cui domnus papa: 'Si, quod facillimum fuit, propter ignorantiam neglexit, qualiter putatis expediet maxima?' Tunc rex aliquantisper motus ait: 'Vellem melius instrui, unde mos iste inoleverit, ex benivolentia an ex debito? Si ex benivolentia, nil causari habet domnus papa, si vacillaverit obsequium, quod de arbitrio, non de iure subsistit. Quod si dicitis, quia ex debito primae institucionis haec reverentia debetur principi apostolorum, quid interest inter dexteram strepam et sinistram, dummodo servetur humilitas, et curvetur princeps ad pedes summi pontificis?' Diu igitur acriterque disputatum est; postremo discesserunt ab invicem sine osculo pacis. Timentes igitur hii qui columpnae regni esse videbantur, ne forte rebus inactis frustra laborassent, multa persuasione evicerunt cor regis, ut domnum papam revocaret in castra. Quem redeuntem suscepit rex integrato officio. Omnibus autem exhilaratis et conventioni adgaudentibus dixit domnus papa: 'Adhuc superest quod facere debeat princeps vester. Requirat beato Petro Apuliam, quam Willehelmus Siculus per vim possidet. Quo facto veniat ad nos coronandus'. Responderunt principes dicentes: 'Diu est, ex quo fuimus in castris, et desunt nobis stipendia, et tu dicis tibi Apuliam requiri et sic demum ad consecracionem veniri? Dura sunt haec et supra vires nostras. Quin pocius impleatur opus consecracionis, ut pateat nobis reditus patriae, respiremusque paululum de labore; postmodum [magis] expediti redibimus expleturi quod nunc faciendum restat'. Moderante igitur Deo, sub quo curvantur qui portant orbem, cessit apostolicus et assensus est postulacioni principum. Factaque concordia assederunt in consilio acturi de introitu Urbis et cavendis insidiis Romanorum.

Eo tempore accessit dux noster ad domnum papam rogans eum pro consecracione Aldenburgensis electi. Qui cum modestia recusavit dicens libenter se facere postulata, si posset fieri sine iniuria metropolitani. Nam domnus Hammemburgensis papam litteris prevenerat, rogans eum abstinere huic consecracioni, quae sibi verecunda foret.

Cum igitur appropinquarent Urbi, misit rex clam noctu nongentos loricatos ad domum beati Petri una cum legatis domni papae, qui perferentes mandata ad custodes intromiserunt milites per posticum infra domum et arces. Mane igitur facto venit rex cum omni exercitu, precedensque domnus papa cum cardinalium numero suscepit eum ad gradus, et intrantes domum beati Petri aggressi sunt opus consecracionis. Porro miles armatus stabat circa templum et edem observans regem, quousque consummarentur misteria. Postquam autem perfectum est in eo opus augustae dignitatis, egressus est muros Urbis, et miles lassitudine gravis cibo refectus est. Inter prandendum Lateranenses facta eruptione transgressi sunt Tyberim et primum quidem castra ducis, quae muris erant contigua, turbaverunt, vociferansque exercitus de castris proruit ad obsistendum. Et factum est bellum potens in illa die. Illic dux noster fortiter dimicavit in capite, Romani victi passi sunt ruinam magnam. Post factam victoriam magnificatum est nomen ducis super omnes qui erant in exercitu. Volens igitur domnus papa honorare eum, transmisit ei munera precepitque nuntio dicens: 'Dic ei, quia crastina, si Dominus voluerit, electum eius consecrabo'. Et letatus est dux de promissione. Mane igitur facto fecit domnus papa publicam sollempnitatem et consecravit nobis episcopum cum magna gloria.

De suspendio Veronensium. Capitulum LXXXII.

Reductis igitur Romanis in gratiam papae, cesaris expedicio retorsit iter ad reditum, et deserentes Italiam venerunt in Longobardiam. Qua nichilominus postposita venerunt Veronam, ubi contigit cesarem cum exercitu grave incurrisse discrimen. Siquidem Veronensium lex est imperatori Longobardiam egredienti pontem navibus sternere in flumine qui dicitur Edesa, cuius impetus instar torrentis violentus nemini vadosus est. Cum igitur transisset exercitus, statim pons ille a fluminis impetu raptus est, properansque exercitus venit ad angustiam viae, cui Clusa nomen est, ubi inter scopulos celo contiguos iter adeo in artum trahitur, ut duobus pariter incedentibus commeatum vix prebeat. At Veronenses supercilium montis occuparant missisque iaculis neminem transire sinebant. Requirebant autem ab imperatore, quid pro salute suimet atque suorum dare vellet. Cesar igitur tam flumine quam montibus undique cinctus, incredibile dictu est, qualiter animo consternatus fuerit, ingressusque tabernaculum, discalciatus pedes, adoravit coram vivifico ligno crucis Domini. Nec mora,

divinitus inspiratus invenit consilium. Fecit igitur vocari
eos qui de Verona secum erant et ait ad illos: 'Ostendite
michi callem absconditum, qui ducit in supercilium
montis, alioquin iubebo effodi oculos vestros'. At illi
timentes detexerunt ei abditos ascensus montis,
statimque conscendentes fortissimi militum
supervenerunt hostibus a tergo et disiectos pugna
comprehenderunt nobiles eorum et perduxerunt eos in
conspectum cesaris. Qui fecit eos suspendio affici.
Sicque remotis offendiculis exercitus perrexit itinere suo.

**Concordia episcoporum Hartwici et Geroldi.
Capitulum LXXXIII.**

Post haec episcopus noster accepta a duce licentia
secessit in Sueviam, ubi venerabiliter ab amicis
susceptus et per dies aliquot retentus divertit in
Saxoniam; deinde transmissa Albia venit in Wagiram,
ingressurus laborem, cui mancipatus fuerat. Denique
ingressus episcopatum non invenit stipendia, quibus vel
ad unum mensem sustentari posset. Siquidem
Falderensis domus post mortem beatae memoriae
Vicelini episcopi commodo simul et quieti consulens ad
Hammemburgensem ecclesiam sese transtulerat. At
Ludolfus prepositus et fratres Hogerestorp satis sibi esse
iudicabant, ut episcopum ingredientem et egredientem
hospicio colligerent. Sola domus Bozoe stipendiis
episcopalibus deserviebat, vacua admodum et inculta.
Visitans igitur episcopus et alloquens filios ecclesiae
suae regressus est ad Albiam locuturus archiepiscopo
penes Staden. Quem cum archiepiscopus ob fastum
elacionis diucius protraheret, essetque difficilis admissio,
dixit episcopus noster ad abbatem de Reddegeshuse et
ceteros qui secum venerant: 'Quid hic residemus, fratres?
Eamus videre faciem hominis'. Et nil trepidans ingressus
est ad principem accepitque osculum sine verbo

CXLIX

salutacionis. Ad quem noster episcopus: 'Michi', ait, 'non loquimini? Quid peccavi, ut non merear salutari? Demus, si placet, arbitros, qui iudicent inter nos. Veni, ut scitis, Marcipolim, postulavi benedictionem, et rennuistis. Necessitate igitur compulsus abii Romam, impetraturus ab apostolica sede quae michi negata sunt a vobis. Iustior ergo michi est irascendi ratio, qui michi onerosam itineris huius necessitatem imposuistis'. Ad quem archiepiscopus: 'Quae', inquit, 'tam inevitabilis causa vos propulit Romam ad subeundum viae laborem et expensas sumptuum? An quia in regione longinqua positus postulacionem vestram ad faciem ecclesiae nostrae distuli?' 'Distulistis', ait noster episcopus, 'veluti infirmaturus causam nostram; hoc enim, ut verum fateamur, verbis apertius prosecutus estis. Sed gloria Deo, qui perfecit nos in ministerio suo, laboriosa quidem, sed grata assecucione'. Tunc archiepiscopus: 'Apostolica', inquit, 'sedes potestate sua, cui certe obniti non possumus, usa est in consecracione vestri, quae ad nos iure spectabat. Sed huic iniuriae rursus providit remedium, designando nobis per litteras nichil in hoc facto auctoritati nostrae de vestra subiectione subtractum. Respondit episcopus noster: 'Scio quidem nec diffiteor hoc ita esse, ut dicitis, et ob hoc ipsum veni, ut exhibeam me in his quae digna sunt vobis, ut sopiantur discordiae, et instaurentur ea quae pacis sunt. Iustum quoque arbitror, ut nobis quae subiecta sunt sentientibus provideatis sustentationis amminiculum. Militantibus enim debentur subsidia'. Et his dictis statuerunt ad invicem amicicias, promittentes alterutrum in necessitatibus opem vicariam. Inde digrediens episcopus noster Geroldus abiit Bremam occursurus duci. Ille enim offensus Fresonibus qui dicuntur Rustri venit Bremam in Kalendis Novembris et fecit comprehendi quotquot ad forum venerant et substantias eorum diripi. Interrogatus autem a duce presul noster, qualiter susceptus fuerit ab archiepiscopo, locutus est bona de eo et studuit lenire animum eius circa archiepiscopum. Inveteratae enim inimiciciae, quae dudum fuerant inter eos, eo tempore invenerunt locum grassandi, eo quod archiepiscopus omisisset Italicam expedicionem transgressor iuramenti essetque reus maiestatis. Unde etiam legatus imperatoris veniens Bremam occupavit omnes curtes episcopales et quaecumque reperisset addidit fisci iuribus. Idem factum est Othelrico Halverstadensi episcopo. Redeuntem igitur ducem Bruneswich prosecutus est noster episcopus et egit cum eo festum natalis Domini.

Quo expleto rediit episcopus in Wagiram assumpto germano suo abbate de Redegeshuse et abiit Aldenburg acturus diem sollempnem epyphaniae in loco cathedrali. Erat autem urbs deserta penitus, non habens menia vel habitatorem nisi sanctuarium parvulum, quod sanctae memoriae Vicelinus ibidem erexerat. Illic in asperrimo frigore inter cumulos nivis officium peregimus. Auditores nulli de Slavis preter Pribizlaum et paucos admodum. Expletis misteriis sacris rogavit Pribizlavus, ut diverteremus in domum suam, quae erat in opido remotiori. Et suscepit nos cum multa alacritate fecitque nobis convivium lautum. Mensam nobis appositam viginti fercula cumularunt. Illic experimento didici, quod ante fama vulgante cognovi, quia nulla gens honestior Slavis in hospitalitatis gratia. In colligendis enim hospitibus omnes quasi ex sententia alacres sunt, ut nec hospicium quenquam postulare necesse sit. Quidquid enim in agricultura, piscacionibus seu venacione conquirunt, totum in largitatis opus conferunt, eo fortiorem quemquam quo profusiorem iactitantes. Cuius ostentacionis affectacio multos eorum ad furta vel latrocinia propellit. Quae utique viciorum [genera] apud eos quidem venialia sunt, excusantur enim hospitalitatis palliacione. Slavorum enim legibus accedens, quod nocte furatus fueris, crastina hospitibus disperties. Si quis vero, quod rarissimum est, peregrinum hospicio removisse deprehensus fuerit, huius domum vel facultates incendio consumere licitum est, atque in id omnium vota pariter conspirant, illum inglorium, illum vilem et ab omnibus exsibilandum dicentes, qui hospiti panem negare non timuisset.

Conversio Pribizlai. Capitulum LXXXIIII.

Manentes autem apud regulum nocte illa cum die ac nocte subsequenti transivimus in ulteriorem Slaviam, hospitaturi apud potentem quendam, cui nomen Thessemar; is enim nos accersierat. Accidit autem, ut in transitu veniremus in nemus, quod unicum est in terra illa, tota enim in planiciem sternitur. Illic inter vetustissimas arbores vidimus sacras quercus, quae dicatae fuerant deo terrae illius Proven, quas ambiebat atrium et sepes accuratior lignis constructa, continens duas portas. Preter penates enim et ydola, quibus singula oppida redundabant, locus ille sanctimonium fuit universae terrae, cui flamen et feriaciones et sacrificiorum varii ritus deputati fuerant. Illic omni secunda feria populus terrae cum regulo et flamine convenire solebant propter iudicia. Ingressus atrii omnibus inhibitus nisi sacerdoti tantum et sacrificare volentibus, vel quos mortis urgebat periculum, his enim minime negabatur asilum. Tantam enim sacris suis Slavi exhibent reverentiam, ut ambitum fani nec in hostibus sanguine pollui sinant. Iuraciones difficillime admittunt, nam iurare apud Slavos quasi periurare est ob vindicem deorum iram. Est autem Slavis multiplex ydolatriae modus, non enim omnes in eandem supersticionis consuetudinem consentiunt. Hii enim simulachrorum ymaginarias formas pretendunt de templis, veluti

Plunense ydolum, cui nomen Podaga, alii silvas vel lucos inhabitant, ut est Prove deus Aldenburg, quibus nullae sunt effigies expressae. Multos etiam duobus vel tribus vel eo amplius capitibus exsculpunt. Inter multiformia vero deorum numina, quibus arva, silvas, tristicias atque voluptates attribuunt, non diffitentur unum deum in celis ceteris imperitantem, illum prepotentem celestia tantum curare, hos vero distributis officiis obsequentes de sanguine eius processisse et unumquemque eo prestantiorem, quo proximiorem illi deo deorum. Venientibus autem nobis ad nemus illud et profanacionis locum adhortatus est nos episcopus, ut valenter accederemus ad destruendum lucum. Ipse quoque desiliens equo contrivit de conto insignes portarum frontes, et ingressi atrium omnia septa atrii congessimus circum sacras illas arbores et de strue lignorum iniecto igne fecimus pyram, non tamen sine metu, ne forte tumultu incolarum [lapidibus] obrueremur. Sed divinitus protecti sumus. Post haec divertimus ad hospicium, ubi Thessemar suscepit nos cum grandi apparatu. Nec tamen dulcia vel iocunda nobis fuerant Slavorum pocula, eo quod videremus compedes et diversa tormentorum genera, quae inferebantur Christicolis de Dania advectis. Aspeximus illic sacerdotes Domini captivitatis diutina detentione maceratos, quibus episcopus nec vi nec prece subvenire poterat.

Proxima die dominica convenit universus populus terrae ad forum Lubicense, et veniens domnus episcopus habuit verbum exhortacionis ad plebem, ut relictis ydolis colerent unum Deum, qui est in celis, et percepta baptismatis gratia renuntiarent operibus malignis, predis scilicet et interfectionibus Christianorum. Cumque perorasset ad plebem, innuentibus ceteris ait Pribizlavus: 'Verba tua, o venerabilis pontifex, verba Dei sunt et saluti nostrae congrua. Sed qualiter ingrediemur hanc viam tantis malis irretiti? Ut enim intelligere possis afflictionem nostram, accipe pacienter verba mea; populus enim, quem aspicis, populus tuus est, et iustum est nos tibi pandere necessitatem nostram; porro tui iuris erit compati nobis. Principes enim vestri tanta severitate grassantur in nos, ut propter vectigalia et servitutem durissimam melior sit nobis mors quam vita. Ecce hoc anno nos habitatores brevissimi anguli huius has mille marcas duci persolvimus, porro comiti tot centenaria, et necdum evicimus, sed cotidie emungimur et premimur usque ad exinanicionem. Quomodo ergo vacabimus huic religioni novae, ut edificemus ecclesias et percipiamus baptisma, quibus cotidiana indicitur fuga? Si tamen locus esset, quo diffugere possemus. Transeuntibus enim Travenam ecce similis calamitas illic est, venientibus ad Penem fluvium nichilominus adest. Quid igitur restat, quam ut obmissis terris feramur in mare et habitemus cum gurgitibus? Aut quae culpa nostra, si pulsi patria turbaverimus mare et acceperimus viaticum a Danis sive institoribus, qui mare remigant? Nonne principum erit haec noxa, qui nos propellunt?' Ad haec dominus episcopus ait: 'Quod principes nostri hactenus abusi sunt gente vestra, non est mirandum; non enim multum se delinquere arbitrantur in ydolatris et in his qui sunt sine Deo. Quin pocius recurrite ad ritum Christianitatis et subicite vos creatori vestro, sub quo curvantur qui portant orbem. Nonne Saxones et ceterae gentes, quae Christianum nomen habent, degunt cum tranquillitate, contenti legitimis suis? Vos vero soli, sicut ab omnium discrepatis cultura, sic omnium patetis direptioni'. Et ait Pribizlavus: 'Si domino duci et tibi placet, ut nobis cum comite eadem sit culturae ratio, dentur nobis iura Saxonum in prediis et reditibus, et libenter erimus Christiani, edificabimus ecclesias et dabimus decimas nostras'.

Post haec abiit episcopus noster Geroldus ad ducem propter colloquium provinciale, quod laudatum fuerat Ertheneburg, et evocati venerunt illuc reguli Slavorum ad tempus placiti. Tunc adhortante episcopo dux habuit verbum ad Slavos de Christianitate. Ad quem Niclotus regulus Obotritorum ait: 'Sit Deus, qui in celis est, deus tuus, esto tu deus noster, et sufficit nobis. Excole tu illum, porro nos te excolemus'. Et corripuit eum dux de verbo blasphemiae. De promocione vero episcopatus et ecclesiae nichil amplius eo tempore actum est, eo quod dux noster nuper Italia rediens totus questui deditus esset. Camera enim erat inanis et vacua. Redeuntem igitur ducem Bruneswich prosecutus est episcopus et mansit apud eum diebus multis. Dixitque ad ducem: 'Ecce iam toto anno in curia vestra sum et sic vobis oneri. In Wagiram quoque veniens non habeo quod manducem. Cur igitur imposuistis michi onus nominis huius vel officii? Melius michi multo fuit antea quam nunc. His provocatus dux accersivit comitem Adolfum et habuit cum eo rationem de trecentis mansis, qui oblati fuerant in dotem episcopii. Tunc designavit comes episcopo in possessionem Uthine et Gamale cum appendiciis eorum. Insuper predio quod dicitur Bozoe adiecit duas villas, Gothesvelde et Wobize. In Aldenburg quoque dedit ei predium commodum satis et adiacens foro. Et ait comes: 'Eat dominus episcopus in Wagiram et adhibitis viris industriis estimari faciat predia haec; quod defuerit de trecentis mansis, ego supplebo; quod superfuerit, meum erit'. Veniens igitur episcopus vidit possessionem et habita inquisicione cum colonis deprehendit predia haec vix centum mansos continere. Quam ob rem comes fecit mensurari terram funiculo brevi et nostratibus incognito, preterea paludes et nemora funiculo mensus est et fecit maximum agrorum numerum. Perlata igitur causa ad ducem adiudicavit dux episcopo dari mensuram iuxta morem terrae huius nec mensurandas paludes aut silvas robustiores. Multum igitur laboris adhibitum est in requirendis prediis his; non per ducem aut episcopum requiri potuerunt usque in hodiernum diem.

Haec autem, quae predixi, conquisivit Geroldus episcopus, cotidie insistens principibus oportune inportune, ut suscitaretur scintilla episcopalis nominis in Wagira. Et edificavit civitatem et forum Uthine fecitque sibi domum illic. Quia autem congregacio clericorum non habebatur in Aldenburgensi episcopatu, preter eam quae erat Cuzelinae, quae alio nomine dicitur Hogerestorp, annuente duce fecit eos transmigrare Segeberg ad locum primae fundacionis, quatenus in sollempnitatibus, quando pontificem oportet esse in populo, haberet in clero supplementum. Quod licet Ludolfo preposito et fratribus videretur incommodum propter tumultus fori, cesserunt tamen consilio maiorum, cui refragari locus non erat. Et fecit illic domum episcopus. Inde progrediens adiit archiepiscopum, cui etiam multa obsequia dependit, sperans sibi reddi Falderense monasterium, quod antecessor eius et fundasse et possedisse dinoscitur. Sed archiepiscopus in partem ecclesiae suae pronior callidis sponsionibus deduxit virum, promittens et inducians ac tempus redimens. Mandavit autem reverentissimo viro Epponi preposito, ne penitus retraheret manum a subsidio novellae ecclesiae huius, sed subveniret episcopo tam in personis quam in ceteris adiumentis.

Quam ob rem episcopus noster accersivit de Faldera Brunonem sacerdotem - is enim defuncto Vicelino Slavia decesserat - et transmisit eum Aldenburg, ut curaret salutem populi illius. Ad quod nimirum opus ille divino suscitabatur instinctu; viderat namque nocturna visione crismale in manibus suis, de cuius operculo succreverat novella plena viroris, quae confortata validam crevit in arborem. Quod nimirum pro sententia eius ita evenit. Statim enim, ut venit Aldenburg, aggressus est opus Dei cum magno fervore et vocavit gentem Slavorum ad regenerationis gratiam, succidens lucos et destruens ritus sacrilegos. Et quia castrum et civitas, quae olim ecclesia et sedes cathedralis fuerat, deserta erat, obtinuit apud comitem, ut fieret illic Saxonum colonia et esset solacium sacerdoti de populo, cuius nosset linguam et consuetudinem. Et factum est hoc novellae ecclesiae non mediocre adiumentum. Siquidem edificata est ecclesia honestissima in Aldenburg, libris et signis et ceteris utensilibus copiose adornata. Et restauratus est cultus domus Dei in medio nacionis pravae ac perversae anno quasi nonagesimo post excidium prioris ecclesiae, quod contigit occiso Godeschalco pio principe. Et dedicata est ecclesia a pontifice Geroldo in honore sancti Iohannis baptistae, astante et omnem devocionem adhibente nobili comite Adolfo et domna Machtildi, eius piissima coniuge. Et precepit comes populo Slavorum, ut transferrent mortuos suos tumulandos in atrio ecclesiae et ut convenirent in sollempnitatibus ad ecclesiam audire verbum Dei. Quibus et sacerdos Dei Bruno iuxta creditam sibi legacionem sufficienter amministravit verbum Dei, habens sermones conscriptos Slavicis verbis, quos populo pronuntiaret oportune. Et inhibiti sunt Slavi de cetero iurare in arboribus, fontibus et lapidibus, sed offerebant criminibus pulsatos sacerdoti ferro vel vomeribus examinandos. In illis diebus Slavi quendam Danum suffixerunt cruci. Quod cum Bruno sacerdos renuntiasset comiti, ille vocavit eos in causam et dampno multavit. Tulitque genus illud supplicii de terra.

Videns igitur Geroldus episcopus, quia in Aldenburg positum esset fundamentum bonum, suggessit comiti, ut in pago qui dicitur Susle suscitaretur ecclesia. Et miserunt illuc de Falderensi domo Deilawin sacerdotem, cuius spiritus sitiebat labores et pericula in predicacione ewangelii, missusque venit in speluncam latronum ad Slavos qui habitant iuxta flumen Crempine. Erat autem illic pyratarum familiare latibulum, et habitavit inter eos sacerdos, serviens Domino in fame et siti et nuditate. His ita peractis oportunum videbatur, ut edificaretur ecclesia in Lutelenburg et Rathecowe, et abierunt illuc episcopus et comes et signaverunt atria edificandis ecclesiis. Crevit igitur opus Dei in Wagirensi terra, et adiuverunt se comes et episcopus ope vicaria. Circa id tempus reedificavit comes castrum Plunen et fecit illic civitatem et forum. Et recesserunt Slavi, qui habitabant in opidis circumiacentibus, et venerunt Saxones et habitaverunt illic; defeceruntque Slavi paulatim in terra. Sed et in terra Polaborum multiplicatae sunt ecclesiae instantia domni Evermodi episcopi et Heinrici comitis de Racisburg. Verumptamen predas Slavorum necdum inhibere poterant, siquidem adhuc mare transfretabant et vastabant terram Danorum, necdum recesserant a peccatis patrum suorum.

De morte Kanuti. Capitulum LXXXV.

Dani enim semper bellis laborantes domesticis ad forinseca bella nullam habuere virtutem. Nam Suein Danorum rex et victoriarum prosperis successibus et cesaris auctoritate firmatus in regnum gente sua crudeliter abusus est, propter quod ulciscente Deo novissima eius infelici exitu conclusa sunt. Videns autem Kanutus emulus eius murmur populi adversus Suein misit et vocavit Waldemarum, qui fuit patruelis et adiutor Suein, et sociavit eum sibi, data ei sorore sua in coniugio. Certior igitur factus de auxilio eius innovavit adversus Suein consilia mala. Cum igitur esset Suein rex in Selant, venerunt improvisi cum exercitu Kanutus et Waldemarus, ut debellarent eum. Ille igitur propter crudelitatem suam desertus ab omnibus, quia non habuit vires confligendi, cum uxore et familia fugit ad mare et transfretavit in Aldenburg. Quo recognito comes Adolfus vehementer extimuit eventum, virum scilicet potentissimum, cuius frenum in maxillis populorum omnium borealium nationum, repente deiectum. Cupienti igitur transire per terram suam multam exhibuit comes humanitatem, divertitque in Saxoniam ad socerum suum Conradum marchionem de Within et mansit illic annis fere duobus.

In tempore illo dux noster Heinricus adiit curiam Ratisbonae ad recipiendum ducatum Bawariae. Siquidem Frethericus cesar eundem ducatum patruo suo abstulit et reddidit duci nostro, eo quod fidelem eum in Italica expeditione et ceteris negociis regni persenserit. Et creatum est ei nomen novum: Heinricus Leo dux Bawariae et Saxoniae.

Peractis igitur rebus ad votum ducem curia redeuntem adierunt principes Saxoniae interpellantes, ut fieret Suein auxilio et reduceret eum in regnum suum. Promisitque duci Suein pecuniam immensam. Collecta igitur maxima milicia dux noster hiemali tempore reduxit Suein in Daniam, et statim apertae sunt ei civitates Sleswich et Ripa. Non tamen ultra prosperari poterant in negotio. Nam Suein gloriatus sepissime fuerat apud ducem, quia venientem se cum exercitu Dani ultro essent excepturi. Quod iuxta sententiam eius minime cessit. Nullus enim in tota Danorum terra fuit, qui reciperet eum aut occurreret illi. Sentiens igitur ille refragari sibi fortunam et omnes refugere a se, dixit ad ducem: 'Cassus est labor noster, melius est, ut redeamus. Quid enim prodest, si vastaverimus terram et spoliaverimus innocentes?

Volentibus nobis cum hostibus confligere locus non est, eo quod profugiant a nobis et transeant ad interiora maris'. Acceptis igitur obsidibus duarum civitatum exierunt Dania. Tunc Suein alia via et consilio utens statuit transire ad Slavos et utens diversorio comitis Lubike transiit ad Niclotum principem Obotritorum. Precepitque dux Slavis in Aldenburg et in terra Obotritorum, ut adiuvarent Suein. Acceptisque navibus paucis venit pacificus in Lalande et invenit eos gratulantes de introitu ipsius, eo quod ab inicio fuerint ei fideles. Inde transiit in Feoniam et addidit eam sibi. Dehinc procedens in reliquas insulas minores donis atque promissis addidit sibi quam plurimos, cavens insidias et contutans se in locis firmissimis. His igitur recognitis Kanutus atque Waldemarus venerunt cum exercitu, ut expugnarent Suein et eicerent eum de terra. At ille consederat in Lalande paratus ad resistendum, simul etiam adiutus firmitate locorum. Mediante domno Helya pontifice de Ripa et principibus utriusque partis discordiae ad pacem inclinatae sunt, et divisum est regnum in tres partes. Et data est Waldemaro Iuthlande, Kanuto Selant, Suein Scone", quae viris et armis prestantior esse probatur. Ceteras insulas minores partiti sunt cuilibet pro sua oportunitate. Et ne pactiones irritarentur, iuramentorum adhibita sunt sacramenta. Post haec Kanutus et Waldemarus fecerunt convivium maximum in Selande in civitate quae dicitur Roschilde et invitaverunt cognatum suum Suein, ut exhiberent ei honorem et recreacionem et consolarentur eum super omnibus malis, quae irrogaverunt ei in die hostis et belli. At ille pro ingenita sibi crudelitate, ubi convivio assedit et vidit reges convivas inpavidos et omni suspicione vacuos, cepit rimari aptum insidiis locum. Tercia igitur die convivii, cum iam tenebrae noctis adessent, annuente Suein allati sunt gladii, et insilientes regibus incautis Kanutum repente perfodiunt. At ubi percussor libravit ictum in caput Waldemari, ille fortius exiliens lumen excussit et salvante Deo in tenebris elapsus est, uno tantum vulnere saucius. Fugiens igitur in Iuthlande universam commovit Daniam. Tunc Suein contraxit exercitum de Selande et insulis maris et transfretavit in Iuthlande, ut expugnaret Waldemarum. At ille producto exercitu occurrit ei in manu valida, et conmissum est prelium non longe a Wiberge, et occisus est Suein in die illa et omnes viri eius pariter. Et obtinuit Waldemarus regnum Danorum et factus est moderator pacis et filius pacis. Et cessaverunt intestina prelia, quibus multis annis laboraverat Dania. Et composuit amicitias cum comite Adolfo et honoravit eum secundum quod reges fecerunt qui ante eum fuerunt.

De edificatione Lewenstat. Capitulum LXXXVI.

In diebus illis Lubicensis civitas consumpta est incendio, et miserunt institores et ceteri habitatores urbis ad ducem dicentes: 'Diu est, ex quo inhibitum est forum Lubike auctoritate iussionis vestrae. Nos autem hactenus detenti sumus in civitate hac spe recuperandi fori in beneplacito gratiae vestrae, sed nec edificia nostra multo sumptu elaborata nos abire sinebant. Nunc vero consumptis domibus supervacuum est reedificare in loco, ubi non sinitur esse forum. Da igitur nobis locum construendi civitatem in loco, qui tibi placuerit'. Rogavit igitur dux comitem Adolfum, ut permitteret sibi portum et insulam Lubike. Quod ille facere noluit. Tunc edificavit dux civitatem novam super flumen Wochenice non longe a Lubeke in terra Racesburg cepitque edificare et communire. Et appellavit civitatem de suo nomine Lewenstad, quod dicitur Leonis civitas. Sed cum locus ille minus esset ydoneus et portu et munimento nec posset adiri nisi navibus parvis, dux iterato sermone convenire cepit comitem Adolfum super insula

Lubicensi et portu, multa spondens, si voluntati suae paruisset. Tandem victus comes fecit quod necessitas imperarat et resignavit ei castrum et insulam. Statim iubente duce reversi sunt mercatores cum gaudio desertis incommoditatibus novae civitatis et ceperunt reedificare ecclesias et menia civitatis. Et transmisit dux nuntios ad civitates et regna aquilonis, Daniam, Suediam, Norwegiam, Ruciam, offerens eis pacem, ut haberent liberum commeatum adeundi civitatem suam Lubike. Et statuit illic monetam et theloneum et iura civitatis honestissima. Ab eo tempore prosperatum est opus civitatis, et multiplicatus est numerus accolarum eius.

Obsidio Mediolanensium. Capitulum LXXXVII.

His ferme diebus accersivit fortissimus cesar Frethericus omnes principes Saxoniae in obsidionem Mediolanensis civitatis. Opus igitur fuit ducem nostrum negociis publicae rei sollempniter adesse. Quapropter cepit sopire discordias, quae erant infra ducatum, sapienter precavens, ne tumultus aliqui consurgerent in principum ceterorumque nobilium absentia. Transmissis autem nuntiis vocavit regem Danorum Waldemarum ad colloquium et iunxit cum eo amicicias. Et rogavit rex ducem, ut faceret sibi pacem de Slavis, qui sine intermissione vastabant regnum eius, et pactus est ei amplius quam mille marcas argenti. Quam ob rem precepit dux Slavos in presentiam suam venire, Niclotum scilicet et ceteros, et astrinxit eos precepto et iuramento, ut servarent pacem tam Danis quam Saxonibus usque ad reditum suum. Et ut pactiones ratae essent, iussit omnes piraticas naves Slavorum perduci Lubike et nuntio suo presentari. At illi propter solitae temeritatis ausum et vicinitatem Italicae expedicionis paucas admodum naves et easdem vetustissimas obtulerunt, ceteris, quae bello aptae erant, callide retentis. Igitur comes per manum seniorum terrae Wagirensis, Marchradum scilicet et Hornonem, convenit Niclotum et exegit ab eo cum benivolentia, ut fidem terrae suae exhiberet illibatam. Quod ille fide digna complevit. In hunc modum rebus compositis profectus est dux in Longobardiam cum mille, ut aiunt, loricis, habens in comitatu suo Adolfum comitem et multos nobiles Bawariae atque Saxoniae. Et pervenerunt ad exercitum regis, qui obsederat presidium quod dicitur Crimme, pertinens ad Mediolanenses, munitum valde. Et morati sunt toto pene anno in expugnacione presidii feceruntque machinas multas et ignium iaculaciones. Novissime expugnato presidio cesar convertit exercitum ad Mediolanum, dux vero accepta licentia reversus est in Saxoniam.

At comes Adolfus rogatus ivit in Angliam cum cognato suo domno Reinoldo Coloniensi electo, qui functus est legacione publica ad regem Anglorum. Et contristati sunt tam clerus quam populus terrae nostrae propter diutinam absentiam boni patroni. Slavi enim de Aldenburg et Mikilinburg compotes sui propter absentiam principum violaverunt pacem in terra Danorum, fuitque terra nostra in tremore a facie regis Danorum. At noster episcopus Geroldus tum per se, tum per nuntios iram regis mitigare studuit, induciis tempus redimens usque ad adventum ducis et principum. Redeunte igitur duce et comite prefixum est colloquium provinciale omnibus marcomannis, tam Teutonicis quam Slavis, in loco qui dicitur Berenvorde. Rex quoque Danorum Waldemarus venit usque Ertheneburg et conquestus est duci omnia mala, quae intulerant sibi Slavi, prevaricatores mandati publici. Et timuerunt Slavi venire in presentiam ducis, eo quod culpae suae essent conscii. Et dedit eos dux in proscriptionem et fecit omnes suos paratos esse ad expedicionem tempore messis. Tunc Niclotus animum ducis videns contra se fixum in malum proposuit primum

CLXIII

irrumpere Lubeke et misit filios suos eo cum insidiis. Eo autem tempore habitavit Lubeke sacerdos quidam venerabilis nomine Athelo. Huius domus vicina erat ponti, qui transmittit flumen Wochenice versus austrum. Is forte parari fecerat fossam longissimam ad conducendum rivum, qui erat longiuscule. Insidiae igitur Slavorum festinantes, ut preriperent pontem, impediti sunt fossa passique sunt errorem in querendo transitu. Quod videntes hii qui erant de domo sacerdotis clamaverunt voce validiori, et conterritus sacerdos occurrit valenter ex adverso. Exercitus vero iam erat in pontis medio et portam pene apprebenderat, sed celerrime missus a Deo sacerdos pontem de cathena levavit, et in hunc modum exclusa sunt latenter subinducta pericula. Quo audito dux posuit illic custodiam militum.

Interfectio Nicloti. Capitulum LXXXVIII.

Post haec intravit dux Heinricus terram Slavorum in manu valida et vastavit eam igne et gladio. Et videns Niclotus virtutem ducis succendit omnia castra sua, videlicet Ylowe, Mikilinburg, Zwerin et Dobin, precavens obsidionis periculum. Unum solum castrum sibi retinuit, Wurle, situm iuxta flumen Warnou prope terram Kicine. Inde exibant per singulos dies et explorabant exercitum ducis et percutiebant de insidiis incautos. Una igitur dierum, dum exercitus moraretur prope Mikilinburg, egressi sunt ad nocendum filii Nicloti Pribizlavus et Wertizlavus et percusserunt quosdam de castris, qui exierant ad frumentandum. Quos insecuti fortiores de exercitu comprehenderunt multos eorum, fecitque dux eos suspendio affici. Filii autem Nicloti amissis equis et viris melioribus venerunt ad patrem. Quibus ille dixit: 'Ego quidem estimabam me viros enutrisse, sed isti mulieribus fugaciores sunt. Egrediar igitur ipsemet et experiar, si forte maiora promovere possim'. Et exiit cum electorum numero et collocavit insidias in latibulis prope exercitum. Tunc exierunt pueri de castris ad conquirendum pabulum et venerunt prope insidias. Porro milites venerant intermixti servis numero quasi sexaginta, omnes induti loricis sub veste intrinsecus. Quod non advertens Niclotus equo velocissimo perlatus est inter eos, conatus quendam perfigere. Sed lancea pertingens ad loricam casso ictu resiliit. Volens igitur ad suos reverti circumventus subito atque trucidatus est, nemine suorum sibi presidium ferente. Caput eius recognitum in castra perlatum est non sine admiracione multorum, quod tantus vir tradente Deo de omnibus suis solus ceciderit. Tunc filii eius, audita morte patris, succenderunt Wurle et occultaverunt se in nemoribus, familias vero suas transtulerunt ad naves.

Dux igitur demolitus omnem terram cepit edificare Zuerin et communire castrum. Et imposuit illic nobilem quendam Guncelinum, virum, bellicosum, cum milicia. Post haec redierunt filii Nicloti in gratiam ducis, et dedit eis dux Wurle et omnem terram. Porro terram Obotritorum divisit militibus suis possidendam. Et collocavit in castro Cuscin Ludolfum quendam, advocatum de Bruniswich. Apud Milicou fecit esse Ludolfum de Paina, Zuerin et Ilinburg Guncelino commendavit. Porro Mikilinburg dedit Heinrico cuidam nobili de Scathen, qui etiam de Flandria adduxit multitudinem populorum et collocavit eos Mikilinburg et in omnibus terminis eius. Et posuit dux episcopum in terra Obotritorum domnum Bernonem, qui defuncto Emmehardo Magnopolitanae presedit ecclesiae. Porro Magnopolis ipsa est Mikilinburg. Et subscripsit in dotem Magnopolitanae ecclesiae trecentos mansos, sicut antea fecerat Racesburgensi et Aldenburgensi. Et facta postulacione obtinuit apud cesarem auctoritatem episcopatus suscitare, dare et confirmare in omni terra Slavorum, quam vel ipse vel progenitores sui subiugaverint in clipeo suo et iure belli. Quam ob rem vocavit domnum Geroldum Aldenburgensem, domnum Evermodum Racisburgensem, domnum Bernonem Magnopolitanum, ut reciperent ab eo dignitates suas et applicarentur ei per hominii exhibicionem, sicut mos est fieri imperatori. Qui licet hanc imposicionem difficillimam iudicarent, cesserunt tamen propter eum qui se humiliavit propter nos, et ne novella ecclesia caperet detrimentum. Et dedit eis dux privilegia de possessionibus et de reditibus et de iusticiis. Et precepit dux Slavis, qui remanserant in terra Wagirorum, Polaborum, Obotritorum, Kicinorum, ut solverent reditus episcopales, qui solvuntur apud Polanos atque Pomeranos, hoc est de aratro tres modios siliginis et duodecim nummos monetae publicae. Modius autem Slavorum vocatur lingua eorum 'curitce'. Porro Slavicum aratrum perficitur duobus bubus et totidem equis. Et auctae sunt decimaciones in terra Slavorum, eo quod confluerent de terris suis homines Teutonici ad incolendam terram spaciosam, fertilem frumento, commodam pascuarum ubertate, abundantem pisce et carne et omnibus bonis.

De Alberto Urso. Capitulum LXXXVIIII.

In tempore illo orientalem Slaviam tenebat Adelbertus marchio, cui cognomen Ursus, qui etiam propicio sibi Deo amplissime prosperatus est in funiculo sortis suae. Omnem enim terram Brizanorum, Stoderanorum multarumque gentium habitantium iuxta Habelam et Albiam misit sub iugum et infrenavit rebelles eorum. Ad ultimum deficientibus sensim Slavis misit Traiectum et ad loca Reno contigua, insuper ad eos qui habitant iuxta occeanum et patiebantur vim maris, videlicet Hollandros,

Selandros, Flandros, et adduxit ex eis populum multum nimis et habitare eos fecit in urbibus et oppidis Slavorum. Et confortatus est vehementer ad introitum advenarum episcopatus Brandenburgensis necnon Havelbergensis, eo quod multiplicarentur ecclesiae, et decimarum succresceret ingens possessio. Sed et australe litus Albiae ipso tempore ceperunt incolere Hollandrenses advenae; ab urbe Saltvedele omnem terram palustrem atque campestrem, terram quae dicitur Balsemerlande et Marscinerlande, civitates et oppida multa valde usque ad saltum Boemicum possederunt Hollandri. Siquidem has terras Saxones olim inhabitasse feruntur, tempore scilicet Ottonum, ut videri potest in antiquis aggeribus, qui congesti fuerant super ripas Albiae in terra palustri Balsamorum, sed prevalentibus postmodum Slavis Saxones occisi, et terra a Slavis usque ad nostra tempora possessa. Nunc vero, quia Deus duci nostro et ceteris principibus salutem et victoriam large contribuit, Slavi usquequaque protriti atque propulsi sunt, et venerunt adducti de finibus occeani populi fortes et innumerabiles et obtinuerunt terminos Slavorum et edificaverunt civitates et ecclesias et increverunt diviciis super omnem estimacionem.

Translacio Aldenburgensis episcopatus. Cap. XC.

Circa id temporis rogavit domnus Geroldus episcopus ducem, ut sedes cathedralis, quae antiquitus erat Aldenburg, transferretur Lubeke, eo quod civitas haec esset populosior et locus munitior et omni prorsus aptitudine commodior. Quod cum placuisset duci, condixerunt diem, quo venirent Lubeke ordinaturi de statu ecclesiae et episcopatus. Et designavit dux locum, in quo fundari deberet oratorium in titulum matricularis ecclesiae, et areas claustrales, et statuerunt illic prebendas duodecim clericorum canonice viventium.

Porro terciadecima prepositi est. Et dedit episcopus in stipendia fratrum decimas quasdam et tantum de reditibus, quos solvit Slavia, quantum prebendis sufficeret perficiendis. Et resignavit comes Adolfus villas oportunas prope Lubeke, quas statim dux obtulit in usus fratrum, et de theloneo cuilibet fratrum duas marcas Lubicensis monetae, insuper alia, quae privilegiis conscripta sunt et in Lubicensi continentur ecclesia. Et posuerunt illic prepositum domnum Ethelonem, cuius in pagina superiori memoria est cum laude.

Scisma inter Alexandrum et Victorem. Cap. XCI.

In circulo dierum illorum defuncto Adriano papa ortum est scisma in ecclesia Dei inter Alexandrum, qui et Rolandus, et victorem, qui et Octavianus. Cum igitur cesar expugnaret Mediolanum, venit ad eum Victor in castra, quae erant apud Papiam, et recepit eum. Adunatoque concilio receperunt eum Reinoldus Coloniensis et Conradus Maguntinus electi et omnes quos imperialis aut timor aut favor agebat. Porro Alexandrum recepit Iherosolimitana ecclesia et Anthiocena, preterea omnis Francia, Anglia, Hispania, Dania et omnia regna, quae sunt ubique terrarum. Insuper Cisterciensis ordo eidem universus accesserat, in quo sunt archiepiscopi et episcopi quam plures et abbates amplius quam septingenti et monachorum inestimabilis numerus. Hii singulis annis celebrant concilium apud Cistercium et decernunt ea quae utilia sunt. Horum invincibilis sententia vel maximas vires addidit Alexandro. Quam ob rem iratus cesar proposuit edictum, ut omnes monachi Cisterciensis ordinis, qui consistebant in regno suo, aut Victori subscriberent aut regno pellerentur. Itaque difficile relatu est, quot patres, quanti monachorum greges relictis sedibus suis transfugere in Franciam. Pontifices etiam quam plures sanctitate insignes in Longobardia et in universo regno principis violentia sedibus suis pulsi et alii superpositi sunt in locum illorum.

Postquam igitur transierunt obsidionis quinque vel eo amplius anni, cesar obtinuit Mediolanum et eiecit habitatores eius ex illa et destruxit omnes turres eius excelsas et muros civitatis adequavit solo et posuit eam in solitudinem. Tunc elevatum est cor eius nimis, et timuerunt omnia regna terrarum ad famam nominis eius. Et misit ad regem Franciae Lodewicum, ut occurreret sibi ad colloquium apud Laonam, quae est in terra Burgundionum iuxta Araram fluvium, ad redintegrandam unitatem ecclesiae. Et annuit rex Franciae. Preterea misit nuntios ad regem Daniae et ad regem Ungariae et ad regem Boemiae, ut venirent ad constitutum diem, insuper omnibus archiepiscopis, episcopis et summis potestatibus regni sui et religiosis quibusque sollempniter adesse mandavit. Grandis igitur expectacio universorum ad tam celebrem curiam, quo uterque papa et tanti reges terrarum conventuri ferebantur. Tunc abierunt simul Waldemarus cum episcopis Daniae, Hartuwichus archiepiscopus, Geroldus episcopus et comes Adolfus cum multis Saxoniae nobilibus ad prefixum colloquii locum. Dux vero positus in Bawaria alia via venerat. Lodewicus igitur rex Franciae, cuius precipue expectabatur adventus, ubi intellexit cesarem appropiare cum exercitu et armis multis, dubitavit occurrere illi. Sed propter fidem sacramentorum venit ad locum placiti constituto die, hoc est in decollacione Iohannis baptistae, et exhibuit se in pontis medio ab hora tercia usque in horam nonam. Porro cesar necdum venerat. Quod rex Franciae accipiens pro omine lavit manus suas in flumine ob testimonium, quasi qui fidem pollicitam reddiderit, et digrediens inde abiit ipso vespere Divionam. Veniens igitur noctu cesar intellexit regem Franciae discessisse et misit honorabiles personas denuo accersire eum. Sed ille nulla ratione vacare potuit, gratulans se et fidem solvisse et suspectam cesaris manum evasisse. Ferebatur enim a multis, quod cesar eum circumvenire voluerit et propter hoc contra pactionum tenorem armatus advenerit. Sed ars arte delusa est. Francigenae enim ingenio altiores quod armis et viribus inpossibile videbatur consilio evicerunt. Tunc cesar vehementer irritatus secessit a curia, intentans Francigenis bellum. Alexander papa confortatus ab eo tempore magis invaluit. Heinricus dux declinavit in Bawariam et compositis illic rebus reversus est in Saxoniam.

De decima Holzatensium. Capitulum XCII.

Fuit igitur in diebus illis pax per universam Slaviam, et municiones, quas dux iure belli possederat in terra Obotritorum, ceperunt inhabitari a populis advenarum, qui intraverant terram ad possidendum eam; fuitque prefectus terrae illius Guncelinus, vir fortis et amicus ducis. Porro Heinricus comes de Racesburg, quae est in terra Polaborum, adduxit multitudinem populorum de Westfalia, ut incolerent terram Polaborum, et divisit eis terram in funiculo distribucionis. Et edificaverunt ecclesias et subministraverunt decimas fructuum suorum ad cultum domus Dei. Et plantatum est opus Dei temporibus Heinrici in terra Polaborum, sed temporibus Bernhardi filii eius habundantius consummatum.

At viri Holzati, qui Wagirensium terram propulsis Slavis inhabitabant, devoti quidem in ecclesiarum constructione et hospitalitatis gratia, sed decimis iuxta divinum preceptum legaliter persolvendis rebelles existebant. Solvebant autem mensuras parvulas sex de aratro, quod sibi dicebant permissum pro levamine, cum adhuc essent in terra nativitatis suae, propter viciniam barbarorum et tempus belli. Terra autem, unde exierant Holzati, pertinet ad Hammemburgensem parrochiam et est Wagirensi terrae proxima. Videns igitur Geroldus episcopus, quia Polabi et Obotriti, qui erant in medio camini estuantis, solverent decimarum suarum legitima, proposuit a suis requirere similia. Communicato igitur consilio Adolfi comitis indomitos Holzatorum animos exhortatoriis per litteras verbis temptare studuit. Ad ecclesiam igitur Burnhovede, quae alio nomine Zuentineveld dicitur, ubi habitabat Marchradus senior terrae et secundus post comitem et cetera virtus Holzatorum, misit litteras in hunc modum:

Geroldus Dei gratia Lubicensis ecclesiae episcopus universis civibus ad ecclesiam Burnhovede pertinentibus salutem et debitam dilectionem. Quoniam per Dei voluntatem ecclesiastica michi dispensacio credita est, et divina legacione ad vos fungor, necesse est, ut a bonis ad meliora vos perducere studeam et ab his quae sunt saluti animarum vestrarum contraria vos abstrahere totis nisibus elaborem. Deo siquidem gratias ago, quod multarum in vobis parent virtutum insignia, quod videlicet hospitalitati et aliis misericordiae operibus propter Deum insistitis, quod in verbo Dei promtissimi et in construendis ecclesiis solliciti estis, in legitimis quoque, ut Deo placitum est, castam ducitis vitam; quae omnia tamen observata nil proderunt, si cetera mandata negligitis, quia, sicut scriptum est: 'Qui in uno offendit, omnium reus est'. Dei enim preceptum est: 'Decimas ex omnibus dabis michi, ut bene sit tibi, et longo vivas tempore'; cui obedierunt patriarchae, Abraham scilicet, Ysaac et Iacob, et omnes qui secundum fidem facti sunt filii Abrahae, per quod laudem et premia eterna consecuti sunt. Apostoli quoque et apostolici viri hoc ipsum ex ore Dei mandaverunt et sub anathematis vinculo posteris servandum tradiderunt. Cum ergo Dei omnipotentis procul dubio hoc constet esse preceptum et sanctorum patrum sit auctoritate firmatum, nobis id incumbit officii, ut, quod vestrae saluti deest, nostro in vobis opere per Dei gratiam suppleatur. Monemus igitur et obsecramus omnes vos in Domino, ut michi, cui paterna in vos cura commissa est, animo volenti quasi filii obedientiae acquiescatis et decimas, prout Deus instituit et apostolica banno firmavit auctoritas, ad ampliandum Dei cultum et ad gerendum pauperum curam ecclesiae detis, ne, si Deo quae ipsi debentur subtraxeritis, et substantiam simul et animam in interitum mittatis eternum. Valete. His auditis tumultuosa gens infremuit, dixeruntque se huic servili condicioni nunquam colla submissuros, per quam omne pene Christicolarum genus pontificum pressurae subiaceat. Preterea hoc adiecerunt, non multum aberrantes a veritate, quod omnes pene decimae in luxus secularium cesserint. Quam ob rem episcopus verbum hoc retulit ad ducem. At ille precepit sub obtentu gratiae suae omnibus Holzatensibus de terra Wagirensi, ut solverent episcopo decimas cum omni integritate, sicut faciunt in terra Polaborum et Obotritorum, quae recentius incultae sunt et ampliori pulsantur formidine belli.

Ad hoc preceptum Holzati obstinatis animis dixerunt nunquam se daturos decimas, quas patres sui non dedissent, malle se pocius succensis edibus propriis egredi terram quam tantae servitutis iugum subire. Preterea pontificem cum comite et omni advenarum genere, quod decimarum solvit legitima, interficere cogitabant et terra inflammata transfugere in terram Danorum. Sed pravarum molimina rerum ducis nostri regisque Danorum prepedierunt innovata federa. Laudatum autem fuit, ne quis transfugam alterius reciperet. Quapropter Holzatenses necessitate constricti presente duce cum pontifice tale pactum inierunt, ut facerent augmentacionem decimarum et solverent de manso sex modios siliginis et octo avenae, illius, inquam, modii, qui vulgo dicitur 'hemmete'. Et ne succedentium forte pontificum innovatas paterentur angarias, rogaverunt hoc ducis atque pontificis sigillo firmari. Cumque notarii iuxta morem curiae marcam requirerent auri, gens indocta resiliit, et negocium mansit imperfectum. Eidem quoque negocio commodis ecclesiae magnifice profuturo magnum attulit impedimentum et velox episcopi transitus et bellorum inminens dira tempestas.

Captivitas Wertezlai. Capitulum XCIII.

Filii enim Nicloti Pribizlavus atque Wertizlavus non contenti terra Kycinorum et Circipanorum aspirabant ad requirendam terram Obotritorum, quam dux eis abstulerat iure belli. Quorum insidiis recognitis Guncelinus de Zuerin, prefectus terrae Obotritorum, intimavit duci. At ille posuit eos rursus in indignacionem et iram et venit cum exercitu gravi in terram Slavorum hiemali tempore. Porro illi consederant in urbe Wurle et munierunt castrum contra obsidionis impetus. Et premisit dux Guncelinum et fortissimum quemque, ut preoccuparent obsidionem, ne forte elaberentur Slavi, ipse vero quantocius prosecutus est cum reliquo exercitu. Et obsessa est municio, in qua fuit Wertizlavus filius Nicloti et multi nobilium, insuper vulgus promiscuum multum valde. At Pribizlavus senior natu cum numero equitum transierat in abdita nemorum percussurus de insidiis incautos. Et gavisus est dux gaudio, eo quod Slavi obfirmatis animis expectaverint eum in municione, et prebita sit ei facultas obtinendi eos. Et dixit ad iuniores de exercitu, quos preliandi stulta cupido incitabat hostem provocare, suscitare bathalias: 'Quare, quod supervacuum est, acceditis ad portas urbis et struitis pericula vobismetipsis? Frustratorii sunt huiuscemodi congressus atque ruinosi. Quin pocius consistite in tabernaculis vestris, unde non possitis iaculari sagittis hostium, et habete custodiam obsidionis, ne quis elabatur. Nostri vero studii erit per Dei gratiam, ut sine tumultu et sine strage urbe potiamini'. Et statim precepit ex abundanti nemore ligna conduci et aptari bellica instrumenta, qualia viderat facta Crimme sive Mediolani. Fecitque machinas efficacissimas, unam tabulatis compactam ad perfringendos muros, alteram vero, quae excelsior erat et in turris modum erecta, superexaltavit castro ad dirigendas sagittas et ad abigendos eos, qui stabant in propugnaculis. A die enim, qua erecta est haec fabrica, nemo Slavorum ausus est proferre caput aut apparere de propugnaculis. Ipso tempore Wertizlavus graviter vulneratus est de sagitta. Quadam vero die perlatum est ad ducem, quod Pribizlavus cum turma equitum apparuerit non longe a castris. Ad quem requirendum transmisit Adolfum comitem cum electa iuvenum manu, qui tota die paludes et nemora oberrantes neminem invenerunt, delusi a ductore, qui maiorem hosti quam nostratibus favorem accommodaverat. Preceperat autem dux pabulatoribus, ne quoquam exirent eo die, ne forte hostem inciderent. At Holzatorum quidam, ut sunt cervicosi, non curaverunt de mandato et egressi sunt ad frumentandum, et superveniens Pribizlavus et irruens super incautos prostravit ex eis ad centum viros, reliqui fugerunt in castra. Quapropter dux ira acrius instimulatus ferventius urget obsidionem; iamque munimenta claustri ceperunt trepidare minaci ruina et suffossionibus dilabi. Tunc Wertizlavus, omni spe meliori deposita, accepto conductu venit in castra ad comitem Adolfum, ut acciperet ab eo consilium. Cui respondit comes: 'Sera quidem medicinae consultacio est, quando eger desperatus est. Pericula nunc inminentia debuerant ante fuisse previsa. Quis, queso, tibi consilium dedit, ut obsidionis periculum incurreres? Magnae fuit amentiae ponere in nervo pedem, ubi non sit diverticulum vel ulla evasionis molicio. Nil igitur restat nisi dedicio. Si quod potest esse salutis compendium, sola dedicione apprehendendum video'. Et ait Wertizlavus: 'Fac pro nobis verbum apud ducem, ut sine periculo vitae et membrorum dampno admittamur deditioni'. Tunc perrexit comes ad ducem et alloquens eos, in quibus pendebant consilia, manifestavit eis negocium. At illi degustata voluntate principis dederunt manus, ut, quicumque Slavorum dedisset se in potestatem ducis, membris et vita potiretur, ea tamen condicione, ut et Pribizlavus ab armis discederet. Tunc conductu clarissimi comitis exierunt de municione Wertizlavus et omnes nobiles Slavorum et venerunt ad pedes ducis, uniuscuiusque ensis super verticem suum. Et suscepit eos dux et reclusit in custodia. Precepit igitur dux, ut, quicumque Danorum captivi haberentur in castro, potirentur libertate. Et exiit de illis multitudo maxima, imprecantes duci fortissimo bona pro suimet ereptione. Porro castrum et vulgus ignobile fecit servari et preposuit eis Lubemarum quendam veteranum, fratrem Nicloti, ut preesset terrae et sentiret ea quae subiecta sunt. Wertizlavum vero Slavorum regulum duxit secum Bruneswich et astrinxit eum manicis ferreis, ceteros vero dispertivit per custodias, quousque solverent novissimum quadrantem. His ita gestis humiliatae sunt vires Slavorum, et recognoverunt, quia leo fortissimus bestiarum ad nullius pavet occursum. Pribizlavus igitur, qui erat senior natu et acris ingenii, cupiens fratri captivo subvenire cepit per nuntiorum manus attemptare principis animum et rogare ea quae pacis sunt. Cumque dux requireret obsides, ut firma esset sponsionum fides, ait Pribizlavus: 'Quid opus est domino meo, ut a servo suo requirat obsides? Nonne fratrem meum et omnes nobiliores Slaviae retinet in custodia? Teneat eos loco obsidum, abutatur eis ut libuerit, si temeraverimus sponsionum fidem'. Dum haec per internuntios agerentur, et daretur Pribizlavo spes meliorum, aliquantulum temporis fluxerat sine bello, fuitque pax in Slavia a Martio mense usque in Kalendas Februarii sequentis anni, et omnia castra ducis erant illesa, videlicet Malachou, Cuscin, Zuerin, Ilowe, Mikilinburg.

Dedicatio Novi-monasterii. Cap. XCIIII.

Eodem anno domnus Geroldus Lubicensis ecclesiae episcopus post celebres paschae ferias cepit infirmari et decubuit in lecto egritudinis usque in Kalendas Iulii. Oravitque Deum, ut differretur ei vita, quousque dedicaretur oratorium Lubicense, et clerus recenter adunatus convalesceret in statu suo. Nec mora, divinitus adiutus dilatus est ad modicum. Adiit igitur ducem, qui tunc forte venerat Stadhen in occursum archiepiscopi, et contulit cum eo de commodis Lubicensis ecclesiae. Cuius verbis ille condelectatus monuit, ut quantocius rediret Lubike paraturus ea quae dedicacioni oportuna erant. Et rogavit dux archiepiscopum, ut occurreret secum ad consummacionem officii. Cuius peticioni acquiescens aggressus est iter in Wagirensem terram et in transitu dedicavit Falderensem ecclesiam, quam sanctae memoriae Vicelinus Aldenburgensis episcopus et fundasse et possedisse dinoscitur. Et fecit archiepiscopus preposito et fratribus illic degentibus bona multa, precepitque, ut locus ille de cetero vocaretur Novum-monasterium. Antea enim Faldera sive Wippenthorp vocabatur. Fuitque loci illius prepositus Heremannus, qui olim etiam Lubike sub barbarica tempestate multos pertulerat labores, sociatus in predicacione ewangelii domno Ludolfo Segebergensi preposito et Brunoni Aldenburgensi presbitero. Hic igitur Heremannus successerat in procuracionem Novi-monasterii venerabili viro Epponi, cuius sanctitas insignis ab omnibus semper cum pietate recolenda iam pridem felicem acceperat consummacionem Kal. Maii. Perfecta igitur, ut antea dixi, dedicacione Novi-monasterii transiit domnus archiepiscopus Segeberg et illic usus est diversorio comitis Adolfi. Postquam autem venit Lubike, suscepit eum dux et episcopus cum magna gloria, et aggressi sunt opus dedicacionis. Et obtulerunt singuli voluntaria cordis sui, Heinricus dux, Geroldus episcopus et Adolfus comes, dederuntque predia et reditus et decimaciones in subsidia cleri. Commonitus autem archiepiscopus, ut Novum-monasterium daret Lubicensi episcopo, non acquievit. His rite peractis reversus est archiepiscopus in locum suum. Dux vero ordinatis rebus in Saxonia profectus est in Bawariam, ut sedaret tumultuantes et faceret iudicium iniuriam pacientibus.

Transitus Geroldi episcopi. Cap. XCV.

Interim sentiens Geroldus venerabilis episcopus dilatos ad tempus dolores rursus incalescere statuit visitare omnes ecclesias suae diocesis, a nullo querens stipem, ne cui esset onerosus. Paternam quoque gerens sollicitudinem filiis suis abundanter erogavit monita salutis, errantes corrigens et discordes compacans, prebens etiam confirmacionis gratiam, sicubi necesse fuisset. Forum etiam Plunense, quod singulis diebus dominicis frequentabatur a Slavis et a Saxonibus, in verbo Domini prohibuit, eo quod populus Christianus deserto cultu ecclesiae et missarum sollempniis mercacionibus tantum operam daret. Hanc igitur permaximam ydolatriam preter multorum opinionem animi constantia destruxit, precipiens sub anathematis districtione, ne quis de cetero suscitaret ruinas eius. Et convenerunt populi de cetero ad ecclesias audire verbum Dei et interesse sacris misteriis. Perlustrata igitur omni parrochia sua domnus episcopus novissime venit Lutelenburg consolari manentes illic, expletisque divinis misteriis, quasi peracto negocio, viribus corporis cepit repente destitui perlatusque Bozove multis diebus lecto decubuit. Nunquam tamen missarum sollempniis usque ad diem obitus sui defuit. Fateor non meminisse me vidisse virum magis exercitatum in divino officio, frequentiorem in psalmodia et vigilia matutina, benigniorem clero, quem nec verbo passus est a quoquam molestari. Hic quandam laicalem personam clericum calumpniantem fecit acerrime plagari, dans ceteris exemplum, ut discerent non blasphemare. Audita igitur boni pastoris egritudine venerunt ad eum venerabiles viri Odo Lubicensis ecclesiae decanus et Ludolfus prepositus Segebergensis cum fratribus utriusque congregationis. Qui cum lecto egrotantis appositi optarent ei dilacionem vitae, ipse respondit: 'Quid precamini michi, fratres, quod inutile est? Quantumcumque supervivam, mors semper restat. Iam nunc utique fiat quod quandoque futurum est. Melius est evicisse quod effugere nemini licitum est'. O libertatem spiritus pavore mortis imperterritam! Inter loquendum autem dedit nobis lectionem de psalmo: Letatus sum in his quae dicta sunt michi: in domum Domini ibimus. Interrogatus a nobis, quas pateretur molestias, nullos se torsionum dolores sentire professus est, sed tantum defectu virium pregravari. Verum cum fratres consummacionis finem inminere viderent, impenderunt ei sacrae unctionis officium, sicque sacramentis salutaribus communitus illucescente die cum tenebris noctis corruptibilem carnis sarcinam deposuit. Corpus eius Lubeke perlatum a clero et civibus honestae traditum est sepulturae in medio basilicae, quam ipse fundavit. Et vacavit sedes Lubicensis usque in Kal. Februarii, eo quod dux abesset et exspectaretur eius sententia.

LIBER II.

Prefatio sequentis operis. Capitulum XCVI.

Inter descriptores hystoriarum rari inveniuntur, qui rebus gestis descriptionis fidem integram solvant. Sane disparilia hominum studia, plerumque corrupto fonte nascentia, in ipsa narracionis superficie statim dinosci possunt, dum videlicet succrescens in corde hominis veluti superfluitas quaedam humorum indebitus amor sive odium deflectit narracionis impetum, derelicto veritatis tramite, in dexteram sive in sinistram. Multi enim aucupantes favorem hominum palliaverunt se amiciciae ficta quadam superficie et propter ambicionem honoris seu cuiuslibet emolumenti locuti sunt placentia hominibus, asscribentes digna indignis, laudem quibus non debebatur laus, benedictionem quibus non erat benedictio. Quo contra alii odio concitati minus pepercerunt obloquiis, querentes locum calumpniis et quos manu nequibant acrius lingua insectantes. Tales profecto sunt, qui ponunt lucem tenebras et dicunt noctem diem. Sed nec aliquando defuerunt inter scriptores, qui propter dampna rerum et cruciatus corporum impietates principum publicare timuerunt. Venialius autem est veritatem tacuisse ob pusillanimitatem spiritus et tempestatem quam ob spem inanis lucri finxisse mendacium. In exprimendis igitur actibus hominum veluti in exsculpendis subtilissimis celaturis sincerum semper oportet esse consideracionis intuitum, qui nec gratia nec odio nec pavore a veritatis via deducatur. Quod quia multae peritiae est, immo maximae sollertiae, gubernaculum videlicet sermonis inter haec scopulorum impedimenta inconcussum dirigere, divina michi pietas intentius est exoranda, ut, quia navem descriptionis ausu quodam inproviso magis quam temerario in altum deduxi, ipsa opitulante et flatus secundos dirigente perducere merear ad litus debitae consummacionis. Alioquin ob difficultatem ingravescentium causarum et depravatos mores principum facile perturbabor a timore hominum. Magnae autem consolacionis est firmamentum omnibus veritati innitentibus, quia veritas, etsi nonnunquam impiis odium pariat, ipsa tamen in se inconcussa permanens non offenditur, sicut et egris oculis odiosa lux est, quod non lucis, sed egritudinis oculorum culpa dinoscitur. Sed et omnis considerans vultum nativitatis suae in speculo non speculo, sed sibimet imputabit, si quid in se pravum atque distortum viderit. Sequens igitur opusculum, sicut et precedentia, [dedico] caritati vestrae, o venerabiles domini et fratres, presentibus honorem, futuris de rerum noticia fructum conducere cupiens. Sed et michimet spero non defuturum quantumlibet emolumenti de orationibus magnorum virorum, qui forte libellum hunc lecturi sunt, qui postulacioni meae non negabunt precum suarum suffragia.

De Conrado episcopo. Capitulum XCVII.

Compositis igitur rebus in Bawaria Heinricus Leo, gemino ducatu clarus, reversus est in Saxoniam et accersito clero Lubicensi dedit eis pontificem domnum Conradum, abbatem de Reddegeshuse, fratrem germanum domni Geroldi episcopi. Quod licet Harthwigo archiepiscopo et omnibus pene Lubicensibus esset contrarium, prevaluit tamen voluntas ducis, cui refragari formidolosum erat. Recepit autem sacrum ordinem per manus Harthwici archiepiscopi in civitate Stadensi. Pollebat autem litteratura, facundia, affabilitate, largitate, multis preterea donis, quibus dignam personam supervestiri decorum est. Sed pulchram viri superficiem deformabat insanabilis quaedam, ut ita dicam, impetigo, mobilitas animi et facilitas verborum, quae nunquam in eodem persistebat; dissidens ipse secum, nichil ex consilio faciens, incertus in promissis, extraneos diligens, suos fastidiens. Clero, quem in tenella reperit ecclesia, magna severitate primum abusus est, incipiens a primis, qui erant in Lubicensi ecclesia, usque ad novissimos, qui habitabant in rure. Bona sacerdotum omnia sua esse dicebat, non quasi fratres, sed ut servos reputans. Si quem fratrum forte pulsare cepisset, non legitima vocacione, non loci vel temporis congruentia sive capituli sententia usus est, sed ad placitum suum, quos gravare voluisset, aut suspendit ab officio aut eliminavit ab ecclesia. Commonitus a duce nichil remissius egit, sed alienavit se a duce et confederatus est archiepiscopo, quatinus connexis viribus facilius evinceret omnem resistentem.

Circa dies illos, quo primum promotus est ad summi sacerdocii gradum, cum adhuc consisteret secus archiepiscopum in urbe Horeburg, quae est super ripas Albiae, in mense Februario, hoc est XIIII° Kal. Martii, orta est tempestas maxima ventorum, procellae, fulgorum choruscatio et tonitrui fragor, quae passim multas edes aut incendit aut subruit, insuper tanta maris exundacio oborta est, quanta non est audita a diebus antiquis, quae involvit omnem terram maritimam Fresiae, Hathelen et omnem terram palustrem Albiae et Wirrae et omnium fluminum, qui descendunt in occeanum mare, et submersa sunt multa milia hominum et iumentorum, quorum non est numerus. Quanti divites, quanti potentes vespere sedebant et deliciis affluebant omni timore malorum sublato, sed veniens repentina calamitas involvit eos in mediis fluctibus!

Capitulum XCVIII.

Eadem die, qua maritimae regiones occeani tanta clade pervasae sunt, accidit strages magna in civitate Slavorum Mikilenburg. Wertizlavus enim, Nicloti filius iunior, qui tenebatur in vinculis Bruneswich, mandavit, ut dicitur, Pribizlavo fratri suo per nuntios dicens: 'En ego teneor vinculis eternis inclusus, et tu negligenter agis? Evigila et enitere atque viriliter age et, quod pace non potes, armis extorque. Non recogitas, quod pater noster Niclotus, cum Lunenburg teneretur in custodia, neque prece neque pecunia redimi potuit? Postquam autem virtutis instinctu corripuimus arma et fecimus incendia et exterminia urbium, nonne dimissus est?' His auditis Pribizlavus collegit latenter exercitum et venit inprovisus Mikilenburg. Heinricus autem de Scathen, prefectus castri, tunc forte defuit, et populus qui erat in castro fuit sine principe. Accedens igitur Pribizlavus ait ad viros qui erant in municione: 'Magna, o viri, tam michi quam genti meae illata est violentia, qui expulsi sumus de terra nativitatis nostrae et privati sumus hereditate patrum nostrorum. Vos quoque iniuriam hanc cumulastis, qui invasistis terminos nostros et possedistis urbes et vicos, qui nobis debentur hereditaria successione. Proponimus igitur vobis optionem vitae et mortis. Si volueritis aperire nobis municionem et reddere terram nobis debitam, deducemus vos pacifice cum uxoribus et filiis et universa suppellectili. Si quis Slavorum quippiam abstulerit eorum quae ad vos pertinent, ego in duplo restituam. Quodsi nolueritis egredi, immo urbem hanc pertinaciter defendere, iuro vobis, quia, si faverit nobis Deus et victoria, omnes vos occidam in ore gladii'. Ad haec verba Flamingi iacula dirigere et vulnera infligere ceperunt. Slavorum igitur exercitus viris et armis potentior vehementi pugna irrupit munitionem et occiderunt omne masculinum in ea, non reliquerunt de populo advenarum vel unum. Uxores et parvulos eorum duxerunt in captivitatem et succenderunt castrum igne.

Post haec converterunt faciem suam ad castrum Ylowe, ut destruerent illud. Porro Guncelinus, satelles ducis et prefectus terrae Obotritorum, audiens per exploratorum manus exisse Slavos, preierat cum paucis militibus Ylowe, ut fieret urbi presidio. Vastata igitur Mikelenburg Pribizlavus antecessit exercitum cum fortissimis, ut preoccuparet obsidionem, ne quis forte effugeret. Quod audiens Guncelinus dixit ad suos: 'Exeamus velociter et pugnemus cum eo, priusquam reliquus veniat exercitus. Lassi enim sunt de pugna et strage, quam commiserunt hodie'. Et responderunt ei fideles sui: 'Non est nobis cautum egredi, statim enim, ut exierimus, Slavi, qui sunt infra urbem hanc et videntur stare nobiscum, claudent portas urbis post nos, et nos erimus exclusi, urbsque cedet in manus Slavorum'. Et displicuit verbum hoc in oculis Guncelini et virorum eius. Convocans igitur Teutonicos omnes, qui erant in urbe, dixit ad eos in audientia Slavorum, qui fuerant in urbe, et de quibus fuerat tradicionis timor: 'Relatum est michi, quod Slavi, qui nobiscum sunt intra portas urbis, iuraverunt Pribizlavo, ut tradant et nos et urbem. Audite igitur, o viri compatriotae, qui destinati estis in mortem et exterminium: statim, ut videritis perfidiam, obicite vos portis et mittite ignem in menia urbis et exurite perfidos hos cum mulieribus et parvulis. Moriantur una nobiscum, nec fiat aliquis ex eis superstes, ut non glorientur de interitu nostro'. His auditis exterriti sunt animi Slavorum, nec ausi sunt aggredi quae animo conceperant. Vespere autem facto venit universus exercitus Slavorum ante castrum Ylowe, et allocutus est Pribizlavus Slavos, qui erant in ea: 'Notum est omnibus vobis, quantae calamitates et pressurae apprehenderint gentem nostram propter violentam ducis potentiam, quam exercuit in nos, et tulit nobis hereditatem patrum nostrorum et collocavit in omnibus terminis eius advenas, scilicet Flamingos et Hollandros, Saxones et Westfalos atque nationes diversas. Hanc iniuriam zelatus est pater meus usque ad mortem, frater quoque meus ob hoc ipsum vinculis eternis tenetur inclusus, et nemo remansit, qui cogitet bonum genti nostrae aut velit suscitare ruinas eius, nisi ego solus. Revertimini igitur ad cor, o viri reliquiarum Slavici generis, et resumite audaciam et tradite michi urbem hanc et viros, qui iniuste occupaverunt eam, ut ulciscar in eos, sicut ultus sum in eos qui invaserant Mikilenburg. Et cepit eos commonere super promisso. At illi negaverunt timore perterriti. Secesserunt ergo Slavi longius a castro, eo quod ingrueret nox, et castra metanda essent. Advertentes autem Slavi, quia Guncelinus et qui cum eo sunt viri fortes sunt et bellicosi, nec posse municionem capi sine maxima strage, primo diluculo recesserunt ab obsidione et reversi sunt ad loca sua. Guncelinus igitur veluti torris erutus ab igne, relicta Ylowe et collocata illic Slavorum custodia, transiit Zuerin, et letati sunt habitatores urbis de insperato adventu eius. Auditum enim fuerat pridie, quod interfectus fuisset ipse et viri eius pariter.

De Bernone episcopo. Capitulum XCVIIII.

Quinto igitur die, postquam percussa est Mikilenburg, descendit Berno venerabilis episcopus cum paucis clericis de Zuerin tumulare interfectos, gestans in collo suo sacerdotalia indumenta, in quibus offerre mos est. Et figens altare in medio interfectorum obtulit pro eis hostiam salutarem domino Deo cum luctu et tremore. Quo iam sacrificium peragente surrexerunt Slavi de insidiis, ut percuterent pontificem et qui cum eo erant. Sed celeriter missus a Deo supervenit quidam Reichardus de Saltwidele cum milicia. Hic audito, quia

Guncelinus obsessus esset Ylowe, egressus fuit ad auxilium ipsius et iter faciens casu supervenit Mikilenburg, cum pontifex cum suis iam in mortis esset articulo. Cuius adventu territi Slavi fugierunt, et salvatus episcopus peregit opus pietatis et tumulavit de interfectis ad septuaginta corpora, et post haec reversus est Zuerin.

Post non multum vero tempus Pribizlavus collecta rursum Slavorum manu venit Malacowe et Cuscin et allocutus est habitatores urbis dicens: 'Scio quidem vos esse viros fortes et nobiles et obsecundantes imperio magni ducis, domini vestri. Volo igitur persuadere vobis quae sunt utilia. Reddite michi castrum, quod olim fuit patris mei et michi nunc hereditaria successione debetur, et ego exhiberi vobis faciam conductum usque ad ripas Albiae. Si quis eorum quae ad vos pertinent quicquam violenter attigerit, ego in duplo restitui faciam. Quod si hanc condicionem optimam inutilem iudicaveritis, oportebit me rursum experiri fortunam meam et congredi vobiscum. Mementote, quid contigerit habitantibus Mikilenburg, qui spreverunt condiciones pacis et provocaverunt me in suimet dampnum'. Tunc milites custodes presidii videntes non esse locum pugnae, eo quod hostes multi, auxiliarii vero essent pauci, impetraverunt conductum extra terminos Slaviae, et Pribizlavus recepit castrum.

Suspendium Wertezlai. Capitulum C.

Audiens igitur Heinricus Leo dux labefactari res in Slavia contristatus est animo et misit interim robur militum Zuerin ad custodiendum eam. Et precepit Adolfo comiti et maioribus de Holzatia, ut transirent Ylowe et essent tutamen castri. Post haec congregavit exercitum grandem et vocavit cognatum suum Adelbertum, marchionem orientalis Slaviae, et omnes fortissimos tocius Saxoniae in auxilium, ut redderet Slavis malum quod fecerant. Sed et Waldemarum regem Danorum adduxit cum navali exercitu, ut vexaret eos terra marique. Et occurrit Adolfus comes duci cum omni Nordalbingorum populo iuxta Malacowe. Dux vero, ubi transiit Albiam et attigit terminos Slavorum, fecit Wertizlavum principem Slavorum suspendio interfici prope urbem Malacowe, eo quod pessundaverit eum frater eius Pribizlavus et prevaricatus fuerit promissiones pacis, quas pactus fuerat. Et precepit dux Adolfo comiti per nuntium dicens: 'Surge cum Holzatis et Sturmariis et cum omni populo, qui tecum est, et precedite ducem usque in locum qui dicitur Viruchne. Idem facturus est Guncelinus prefectus terrae Obotritritorum et Reinoldus comes Thetmarsiae et Christianus comes de Aldenburg, quae est in Amerland, terra Fresonum; hii omnes precedent tecum cum armatorum numero, qui ad ipsos pertinent'. Tunc abiit Adolfus comes cum ceteris nobilibus, qui secum deputati fuerant iuxta imperium ducis, et venerunt in locum qui dicitur Viruchne et distat ab urbe Dimin fere duobus miliaribus, et metati sunt illic castra. Porro dux et ceteri principes morati sunt in loco qui dicitur Malacowe, secuturus post aliquot dies cum reliquo exercitu, cum veredariis ferentibus victualia, quae exercitui sufficerent copiose. Universus vero Slavorum exercitus consederat in urbe Dimin. Fueruntque principes eorum Kazemarus et Buggezlavus, duces Pomeranorum, et cum hiis Pribizlavus, auctor rebellionis, miseruntque nuntios ad comitem, volentes per eum admitti ad condiciones pacis, et promiserunt tria milia marcarum. Rursum alios mittentes promiserunt duo milia. Et displicuit verbum hoc comiti Adolfo, et dixit ad suos: 'Quid vobis videtur, o viri sapientes? Qui heri promiserunt tria milia marcarum, nunc offerunt duo milia. Verbum istud non est querens pacem, sed adducens bellum'. Miserunt igitur Slavi noctu speculatores in castra explorare statum exercitus. Aldenburgenses vero Slavi fuerant cum Adolfo comite, sed insidiose; nam quaecumque gerebantur in exercitu remandaverunt hostibus per manus exploratorum. Dixerunt igitur Adolfo comiti Marchradus senior terrae Holzatorum et ceteri, qui intellexerant verbum absconditum: 'Auditu certissimo comperimus, quod hostes nostri preparent se ad bellum. Porro nostrates segnius agunt nec in vigiliis nec in custodiis debitam exhibent diligentiam. Adhibe igitur cautionem populo, eo quod dux bene presumat de te'. Et dissimulavit comes ceterique nobiles et dixerunt: 'Pax et securitas, emortua est enim virtus Slavorum'. Defecit igitur in exercitu custodia. Moram autem faciente duce defecerunt exercitui alimenta, et destinati sunt pueri, qui deberent ire ad exercitum ducis propter victualia afferenda. Quibus primo diluculo iter aggressis, ecce in ascensu clivi apparuerunt cunei Slavorum cum populo innumerabili tam equitum quam peditum. Quibus visis retorsere pedem pueri et clamore valido dormientem suscitavere exercitum. Alioquin omnes mortem sompno copulassent. Tunc viri illustres atque militares Adolfus atque Reinoldus cum paucissimis Holzatensium atque Thetmarsiensium, qui forte sompno exciti maturius occurrerant, exceperunt hostes in descensu clivi, et contrita est prima acies Slavorum ab eis, et percusserunt eos usque ad ulteriora stagni. Quos e vestigio subsecuta secunda Slavorum acies operuit instar montium, et percussi sunt Adolfus comes et Reinoldus comes, et fortissimi quique ceciderunt. Et obtinuerunt Slavi castra Saxonum et diripuerunt predas castrorum. Porro Guncelinus et Christianus et cum eis amplius quam trecenti milites conglobati in unum continebant se in latere pugnae ignorantes, quid agerent. Formidolosum quippe erat congredi cum tanto hoste, omnibus scilicet sociis aut interfectis aut fuga disiectis. Accidit igitur, ut cuneus quidam Slavorum veniret ad tabernaculum quoddam, ubi multi erant armigeri et equi plures. Quibus expugnandis cum valentius instarent, armigeri clamaverunt ad dominos suos, quorum globus fuit e vicino: 'Quid statis, o fortissimi milites, et quare non succurritis servis vestris? Rem utique turpissimam agitis'. Qui concitati clamore servorum suorum insilierunt in hostes et quasi ceco furore pugnantes liberaverunt pueros suos. Deinde castris fortius inmersi, difficile dictu est, quantos ictus dederint vel quas strages hominum fecerint, donec victrices illas Slavorum acies disicerent et reciperent castra, quae perdiderant. Denique miscuit Deus Slavis spiritum vertiginis, et ceciderunt de manibus optimorum militum. Et audierunt Saxones, qui erant in latibulis, et egressi sunt et resumpta audacia fortiter infusi sunt hostibus et percusserunt eos attricione magna nimis, et repletus est campus ille acervis mortuorum. Et venit dux festinanter, ut fieret suis presidio, et vidit ruinam, quae facta est in populo suo, et quia mortuus est comes Adolfus et fortissimi quique, et resolutus est in lacrimas multas. Sed dolorem eius mitigavit copiosior victoria et cedes Slavorum maxima, qui ad duo milia et quingentos connumerati sunt. Precepit igitur dux corpus Adolfi comitis concidi frustatim et assum condiri opere pigmentarii, quo posset circumferri et patriis inferri monumentis. Et impletum est vaticinium, quod cecinit pridie quam pateretur, sepissime reiterans versum: Igne me examinasti, et non est inventa in me iniquitas.

Slavi igitur, qui effugerant manus gladii, venerunt Dimin et succenso castro illo potentissimo transierunt ad interiora Pomeranae regionis, fugientes a facie ducis. Sequenti autem die venit dux cum exercitu universo Dimin et repperit castrum exustum, et collocavit illic partem exercitus, ut deponerent vallum et adequarent solo et ut essent presidio vulneratis, quibus opus erat cura. Ipse vero cum reliquo exercitu ivit in occursum Waldemari regis. Et abierunt sociata manu, ut depopularentur latitudinem Pomeranae regionis, et venerunt ad locum qui dicitur Stolpe. Illic Kazemarus et Buggezlavus iam olim fundaverant abbatiam in memoriam patris sui Wertizlavi, qui ibidem et occisus et sepultus est. Ille primus inter duces Pomeranorum conversus est ad fidem per manus sanctissimi Ottonis Bavenbergensis episcopi, et ipse fundavit episcopatum Uznam et admisit cultum Christianae religionis in terram Pomeranorum. Illuc igitur pervenit exercitus ducis, et non erat qui resisteret. Slavi enim semper ultra progredientes diffugiebant a facie ducis, nusquam ausi subsistere pre formidine faciei eius.

Sepultura Adolfi comitis. Capitulum CI.

In diebus illis venit nuntius in terram Slavorum, qui diceret duci: 'Ecce legatus regis Greciae cum multo comitatu venit Bruneswich loqui tibi. Ad hunc audiendum dux egressus est Slaviam, omisso exercitu et prosperis expedicionis successibus. Alioquin propter recentem victoriam et impetum faventis fortunae omne robur Slavorum consumpsisset usque in finem et fecisset terrae Pomeranorum, sicut fecit terrae Obotritorum. Omnis igitur terra Obotritorum et finitimae regiones, quae pertinent ad regnum Obotritorum, assiduis bellis, maxime vero hoc novissimo bello tota in solitudinem redacta est, Domino scilicet favente et dexteram piissimi ducis semper confortante. Si quae Slavorum extremae remanserant reliquiae, propter annonae penuriam et agrorum desolaciones tanta inedia confecti sunt, ut congregatim ad Pomeranos sive ad Danos fugere cogerentur, quos illi nichil miserantes Polanis, Sorabis atque Boemis vendiderunt.

Postquam igitur dux exiens Slaviam dimisit exercitum, unumquemque in sua, corpus Adolfi comitis perlatum est Mindin ibique sancta devocione reconditum. Cometiam vero tenuit Machtildis vidua eius cum filio tenello. Et inmutata est facies terrae huius, eo quod iusticia et quies ecclesiarum sublato bono patrono penitus infirmata videretur. Ipso enim superstite clero nichil durum, nichil asperum videbatur. Tantus erat fide, bonitate, prudentia atque consilio, ut universis videretur constructus virtutibus. Hic unus de bellatoribus Domini et certe non infimus in funiculo sortis suae utilis inventus est, exstirpans ydolatriae supersticiones et faciens opus novae plantacionis, quod fructificet in salutem. Novissime peracto boni itineris cursu pervenit ad palmam portansque vexilla in castris Domini stetit pro defensione patriae et fide principum usque ad mortem. Rogatus, ut vitae consuleret fugae compendio, vehementer detestatus est, manibus pugnans et voce Deum orans mortem libenter excepit ob virtutis amorem. Huius emulacione instigati illustres viri et optimi ducis boni satellites, Guncelinus atque Bernhardus, quorum unus Zuerin, alter Racesburg preerat, fecerant et ipsi opus bonum, in funiculo partis suae bellantes prelia Domini, ut suscitaretur cultus domus Dei nostri in gente incredula et ydolatra.

Restauratio Dimin. Capitulum CII.

Pribizlavus igitur, rebellionis auctor, paternae hereditatis factus extorris consistebat apud duces Pomeranorum Kazemarum atque Buggezlavum, ceperuntque reedificare Dimin. Inde frequenter exiens Pribizlavus per insidias percutiebat fines Zuerin atque Racesburg et tulit captionem multam tam de hominibus quam de iumentis. Cuius exitum observantes Guncelinus atque Bernhardus pugnabant et ipsi de insidiis, et commissa creberrima pugna semper meliores inventi sunt, quousque perditis fortioribus viris et equis Pribizlavus nil iam posset moliri. Et dixerunt ad eum Kazemarus et Buggezlavus: 'Si tibi placet habitare nobiscum et uti diversorio nostro, cave, ne offendas oculos virorum ducis, alioquin propellemus te de finibus nostris. Iam pridem enim duxisti nos, ubi percussi sumus attricione maxima et perdidimus viros et urbes meliores, nec hiis contentus iteratam super nos inducere vis principis iram?' Et cohibitus est Pribizlaus ab insania sua. Humiliatae igitur sunt vires Slavorum, nec ausi sunt mutire pre formidine ducis.

Et habuit dux pacem cum Waldemaro rege Danorum, et celebraverunt colloquia ad Egderam sive Lubike pro commodis utriusque terrae. Et dedit rex duci pecuniam magnam, eo quod pacarentur termini eius per ipsum a vastacione Slavorum. Et ceperunt inhabitari omnes insulae maris, quae ad regnum pertinent Danorum, eo quod pirata defecisset, et confractae sint naves predonum. Et inierunt pactum rex et dux, ut, quascumque gentes terra marique subiugassent, tributa socialiter partirentur.

Et increvit ducis potestas super omnes qui fuerunt ante eum, et factus est princeps principum terrae, et conculcavit colla rebellium et effregit municiones eorum et perdidit viros desertores et fecit pacem in terra et edificavit municiones firmissimas et possedit hereditatem multam nimis. Preter hereditatem enim magnorum progenitorum, Lotharii cesaris et coniugis eius Richenzen multorumque ducum Bawariae atque Saxoniae, accesserunt ei nichilominus multorum principum possessiones, ut fuit Heremannus de Winceburg, Sifridus de Hammemburg, Otto de Asle et alii, quorum mentio excidit. Quid dicam de amplissima potestate Hartwici archiepiscopi, qui de antiqua Udonum prosapia descendit? Nobile illud castrum Stadhen cum omni attinentia sua, cum cometia utriusque ripae et cometia Thetmarsiae vivente adhuc episcopo obtinuit, quaedam quidem hereditario iure, quaedam beneficiali; extenditque manum in Fresiam et admovit eis exercitum, et dederunt ei pro suimet redemptione quod postulati fuissent.

Invidia principum de gloria ducis. Cap. CIII.

Sed quia gloria parit invidiam, et quia nil durabile in rebus humanis, tantam viri gloriam zelati sunt omnes principes Saxoniae. Ille enim inmensis diviciis locuples, clarus victoriis et propter geminum Bawariae et Saxoniae principatum sublimis in gloria sua, omnibus Saxoniae tam principibus quam nobilibus inportabilis visus est. Sed manus principum formido cesaris continuit, ne concepta molimina transferrent in effectum. Postquam autem cesar quartam profectionem paravit in Italiam, et oportunitatem tempus adduxit, statim inveterata conspiracio processit in publicum, et facta est coniuracio valida omnium contra unum. Fueruntque inter eos primi Wichmannus Magdeburgensis archiepiscopus, Heremannus Hildensemensis episcopus. Post hos fuerunt principes hii: Lodewicus provincialis comes Thuringiae, Adelbertus marchio de Saltwedele et filii eius, Otto marchio de Camburg et fratres eius, Adelbertus palatinus comes de Someresburg. Hos adiuverunt nobiles hii: Otto de Asle, Wedekindus de Dasenburg, Christianus de Aldenburg, quae est in Amerland. Super hos omnes prepotens ille Reinoldus Coloniensis archiepiscopus et cancellarius imperii insidiatus est duci, facie quidem absens et in Italia positus, sed totus consilio expugnacioni ducis intentus. Tunc principes qui erant in orientali Saxonia cum Thuringorum principe Lodewico obsederunt municionem ducis quae vocatur Aldeslef et fecerunt contra eam machinas multas. Porro Christianus comes de Amerland collecta Fresonum manu occupavit Bremam et omnes fines eius et fecit motum magnum in occidentali regione. Videns igitur dux, quia consurgunt undique bella, cepit communire civitates et castra et ponere custodias militum in locis oportunis. In tempore illo cometiam Holzatiae, Sturmariae atque Wagirae administrabat vidua Adolfi comitis cum filio adhuc tenello. Propter consurgentes autem motus bellorum posuit dux puero tutorem, qui preesset armis, Heinricum comitem, Thuringia natum, avunculum pueri, virum scilicet impatientem ocii et totum armis deditum. Communicato quoque fidelium suorum consilio Pribizlavum principem Slavorum, quem multis, ut supradictum est, preliis expulerat provincia, admisit in gratiam et reddidit ei omnem hereditatem patris sui, terram scilicet Obotritorum, preter Zuerin et attinentia eius. Et fecit Pribizlavus duci et amicis eius securitatem fidelitatis, nulla deinceps bellorum tempestate corrumpendam, stare scilicet ad mandatum ipsius et observare oculos amicorum eius absque omni offensione.

Depredatio Bremensium. Capitulum CIIII.

Tunc congregavit dux exercitum grandem et intravit orientalem Saxoniam, ut pugnaret cum inimicis suis in medio terrae ipsius. Et viderunt, quia venit cum manu forti, et timuerunt occurrere illi. Et fecit plagam magnam in terra hostili et vastavit eam incendiis et depredacionibus et pervagatus est terram usque ad muros Magdeburg. Deinde convertit exercitum in occidentales partes, ut comprimeret tumultum Christiani comitis, et improvisus venit Bremam et cepit eam. Et fugit Christianus comes in abditas Fresiae paludes. Et irrupit dux Bremam et depredatus est eam. Et transfugerunt cives eius in paludes, eo quod peccassent adversus ducem et iurassent Christiano, et posuit eos dux in proscriptionem, quousque interventu archiepiscopi mille et eo amplius marcis argenti pacem indempti sunt. Christianus autem comes post paucos dies mortuus est, et sopita sunt mala rebellionis eius molimine suscepta.

Grassantibus igitur usquequaque civilibus bellis Hartwicus archiepiscopus decreverat apud se declinare tumultum consurgentis belli et sedit Hammemburg solitarius et quietus, structuris claustralibus et ceteris ecclesiae suae commodis intentus. Tunc Coloniensis archiepiscopus ceterique principum mandaverunt ei per scripta, ut revocaret ad cor omnes pressuras, quibus attrivisset eum dux: nunc tandem venisse tempus, quo possit auxilio principum recuperare statum honoris sui, patere sibi urbem Stadhen et ereptam cometiam, si manus principum adiuverit. Hartwicus igitur archiepiscopus, multis experimentis edoctus fortunatum semper in preliis ducem esse, ambiguam quoque principibus inesse fidem et se huiusmodi sponsionibus sepe delusum, fluctuare cepit animo. Provocabat [quidem] eum recuperandi honoris cupido, sed deterrebat eum sepe comperta mobilitas principum. Herebat interim superficies amiciciarum, et pax sonabat in verbis. Verumtamen castra sua Vriburg et Horeburg communire cepit archiepiscopus et congessit illic apparatum armorum et escarum, quae sufficerent in menses et annos.

Expulsio Conradi episcopi. Capitulum CV.

Circa hos dies Conradus Lubicensis ecclesiae episcopus morabatur apud archiepiscopum, et pendebat in ipso summa consilii. Et perlatum est ad ducem, quia non sentiret ea quae pacis sunt, sed quae ad destructionem ducis, et quia suggerit archiepiscopo, ut transeat ad principes et rescindat amicicias, quas pepigerat cum duce. Volens igitur dux rem certius nosse vocavit eum ad colloquium Ertheneburg. At ille declinans iram potentis declinavit in Fresiam veluti fungens legacione archiepiscopi. Quem demum redeuntem dux secundo vocavit. Conductu igitur domni archiepiscopi et domni Bernonis Magnipolitani occurrit duci apud Stadhen auditurus verbum eius. Et convenit eum dux super hiis quae ad ipsum perlata fuerant, qualiter scilicet verbis malis derogaverit honori suo et dederit consilium adversus eum in malum. Affirmat episcopus se nichil horum recognoscere. Multis ergo verbis hinc et inde habitis cupiens dux convulsas amicicias resarcire et episcopum iam olim sibi dilectum tenacius colligere, cepit ab eo familiariter exigere hominii debitum, quod sibi imperiali donacione permissum in superioribus ostensum est, in hiis videlicet Slavorum provinciis, quas ipse iure belli in clipeo suo et gladio possederat. Ad huius propositionis verbum vir magnanimus resiliit, dicens modicam esse stipem ecclesiae suae, nunquam se huius intuitu libertatem suam occupaturum aut cuiuslibet potestati submissurum. E converso proponit dux omnino aut loco cedere aut propositis parere. Cumque fixus in sententia maneret episcopus, precepit dux obcludi ei introitum parrochiae suae et omnes reditus episcopales tolli. Post discessum igitur ducis locutus est archiepiscopus ad Conradum episcopum: 'Existimo, quod non sit cautum vobis consistere apud nos propter satellites ducis, in quorum medio sumus. Quin pocius consulite honori nostro et saluti vestrae et transite ad Magdeburgensem archiepiscopum et principes, ut possitis evadere manus inimicorum vestrorum. Ego quoque post paucos dies prosequar vos et peregrinabor cum peregrinante'. Et fecit iuxta consilium archiepiscopi et transiit ad Magdeburgensem archiepiscopum et mansit apud eum ferme duobus annis. Inde abiens in Franciam visitavit Cisterciense concilium et reconciliatus est Alexandro papae per manus Papiensis episcopi, qui fuit partium Alexandri et eiectus de sede sua morabatur in Clara-valle. Deditque pontifici in mandatis, ut prebita sibi facultate aut ipse iret ad Alexandrum aut legatum dirigeret. Hiis ita peractis reversus est Magdeburg et invenit illic Hartwicum Hammemburgensem archiepiscopum - nam et ipse loco cesserat - et manserunt apud Magdeburgensem archiepiscopum diebus multis.

Verumtamen milites Hartwici archiepiscopi, qui erant in castris Horeburg et Vriborg, faciebant frequentes excursus et faciebant incendia et predas in possessionibus ducis. Quam ob rem dux transmissa milicia occupavit Vriborg et fregit munimenta eius et adequavit eam solo et fecit tolli omnes reditus episcopales, non reliquit ex eis parvas reliquias. Soli qui erant in castro Horeburg continuerunt se usque ad reditum archiepiscopi, eo quod locus esset munitus propter paludosas voragines. Fervebat autem sedicionum seva tempestas per omnem Saxoniam, contendentibus scilicet universis principibus adversus ducem, et factae sunt captiones militum et demembraciones et eversiones urbium atque domorum et incendia civitatum. Et addita est Goslaria principibus. Et precepit dux custodiri vias, ne quis frumentum induceret Goslariae, et esurierunt valde.

Intronizacio Calixti papae. Capitulum CVI.

In diebus illis Frethericus imperator morabatur in Italia, et contritae sunt rebelliones Longobardorum a formidine virtutis eius, et effregit civitates multas populosas atque munitas, et abusus est Longobardia supra reges qui fuerunt ante eum diebus multis. Et convertit faciem suam, ut iret Romam ad fugandum Alexandrum et statuendum Calixtum. Paschalis enim brevi tempore vivens defunctus erat. Cesar igitur obsidens Ianuam, quae fuerat partium Alexandri, premisit Reinoldum Coloniensem et Christianum Mogontinum et partem exercitus iussit preire Romam. Et venerunt Thusculanum, quae non longe est a Roma. Quorum introitu comperto Romani exierunt cum inmenso exercitu pugnaturi propter Alexandrum, et egressus Reinoldus et Teutonicus miles pugnaverunt pauci contra innumeros et obtinuerunt Romanos et percusserunt ex eis ad duodecim milia et persecuti sunt fugientes usque ad portas Urbis. Et corrupta est terra propter cadavera occisorum, et permanserunt mulieres Romanorum viduae in annos multos, eo quod defecissent viri habitatores Urbis. Ipsa die, qua haec gesta sunt Romae, pugnavit cesar cum Ianuanis et obtinuit victoriam, compos effectus civitatis. Et assumpto exercitu abiit Romam et invenit Reinoldum et exercitum, quem premiserat, letantem de salute suimet et de ruina Romanorum. Et admovit exercitum, ut caperet Romam, et obpugnavit domum beati Petri, quia presidium Romanorum illic erat, et iussit ignem portis inmitti et abegit Romanos a turribus per vaporem fumi. Et obtinuit templum et replevit edem interfectis. Et intronizavit Calixtum in cathedram et egit illic celebritatem beati Petri ad vincula. Admovitque manum Lateranensibus, ut destrueret eos, dederuntque ei pro vita simul et civitate quicquid postulati fuissent. Coacti, ut comprehenderent Alexandrum, non prevaluerunt, eo quod noctu fugam inisset. Et accepit filios nobilium obsides, ut de cetero obedientes essent Calixto fide irreprehensa. Secuta est hos cesaris prosperos eventus repentina calamitas. Tanta enim pestilentia subito Romam invasit, ut infra paucos dies universi pene interirent. Mense enim Augusto pestiferae nebulae in partibus illis consurgere dicuntur. Mortui sunt ea pestilentia Reinoldus Coloniensis, Heremannus Verdensis, qui erant duces consilii; preterea nobilissimus adolescens, filius Conradi regis, qui duxerat unicam filiam Heinrici ducis nostri, insuper multi episcopi, principes et nobiles ipso tempore interierunt. Cesar cum residuo exercitu reversus est in Longobardiam. Illic positus audivit motum, qui fuit in Saxonia, et missa legacione frequentibus induciis surgentem repressit sedicionem, quousque preteriret tempus, et ipse liberaretur ab expedicione Italica.

In tempore dierum illorum misit Heinricus dux Bawariae et Saxoniae legatos in Angliam, et adduxerunt filiam regis Angliae cum argento et auro et diviciis magnis, et accepit eam dux in uxorem. Separatus enim fuerat a priore coniuge domna Clementia propter cognacionis titulum. Habuit autem ex ea filiam, quam filio Conradi regis dedit in matrimonium, qui etiam modico supervixit tempore, preventus inmatura morte in Italica expedicione, ut supra dictum est.

Concordia principum et ducis. Capitulum CVII.

Emenso igitur post haec non longo intervallo videntes Longobardi, quia corruissent columpnae regni et defecisset robur exercitus, conspiraverunt unanimiter adversus cesarem et voluerunt interficere eum. Ille presentiens dolos clam recessit a Longobardis et reversus in Teutonicam terram indixit curiam Bavemberg, vocatisque universis principibus Saxoniae coarguit eos de violacione pacis, dicens tumultum Saxoniae dedisse Longobardis materiam defectionis. Multis itaque dilacionibus, multa prudentia et consilio dissensiones, quae erant inter ducem et principes, ad conventionem pacis inclinatae sunt. Et cesserunt omnia iuxta placitum ducis, et ereptus est a circumventione principum absque omni suimet diminucione. Et revocatus est domnus Hammemburgensis archiepiscopus in sedem suam, tactusque infirmitate infra paucos dies obiit, et extincta est morte illius vetus controversia, quae fuit super cometia Stadensi, et possedit eam dux de cetero absque omni contradictione. Conradus quoque Lubicensis episcopus interventu cesaris meruit redire in parrochiam suam, ea scilicet condicione, ut sopita priori obstinacia exhiberet duci quae iusta sunt. Potitusque reditu in gratia ducis mutatus est in virum alterum; didicit enim in his quae ipse passus est compati fratribus suis et de cetero pronior esse in humanitatis officio. Clerum nichilominus defensavit a circumventione principum et potentum, precipue vero de manibus Heinrici comitis Thuringi, qui nec Deum nec homines reverens aspirabat in bona sacerdotum.

Cum autem omnis bellorum motus auctore Deo rediret in serenam pacis quietem, Wedekindus de Dasenberg recusavit pacem, quam locuti sunt principes. Hic enim ab adolescentia sua ad malum strennuus semper militiae usum in rapinas detorserat, sed ne malum posset, quod voluit, ducis refrenatione acrius tenebatur. Captus enim aliquando et in vincula coniectus fidem dederat, ut de cetero temperaret a rapinis et staret ad mandatum ducis sincero obsequio. Sed ille ingruente tempore belli pollicitacionis inmemor in ducem omnibus acrius desevit. Ceteris igitur ad pacem reductis hunc singularem ferum dux obsedit in castro Dasenberg. Sed cum omnem obsidionis et machinarum violentiam mons altior eluderet, misit dux et vocavit viros industrios de Rammesberg, qui aggressi rem difficilem et inauditam perfoderunt radices montis Dasenberg et interiora montis collustrantes repererunt puteum, unde castellani hauriebant aquam. Quo obturato defecit aqua castellanis,

CC

et necessitate constrictus Wedekindus dedit se et castrum in potestatem ducis, ceteri dimissi dispersi sunt, unusquisque in terram suam.

De Zuantevit Ruianorum symulachro. Cap. CVIII.

In tempore illo congregavit Waldemarus rex Danorum exercitum grandem et naves multas, ut iret in terram Rugianorum ad subiagandum eam sibi. Et adiuverunt eum Kazemarus et Buggezlavus, principes Pomeranorum, et Pribizlavus princeps Obotritorum, eo quod mandasset dux Slavis ferre auxilium regi Danorum, ubicumque forte manum admovisset subiugandis exteris nationibus. Prosperatum est igitur opus in manibus regis Danorum, et obtinuit terram Rugianorum in manu potenti, et dederunt ei pro sui redemptione quicquid rex imposuisset. Et fecit produci simulachrum illud antiquissimum Zuantevith, quod colebatur ab omni natione Slavorum, et iussit mitti funem in collo eius et trahi per medium exercitum in oculis Slavorum et frustatim concisum in ignem mitti. Et destruxit fanum cum omni religione sua et erarium locuples diripuit. Et precepit, ut discederent ab erroribus suis, in quibus nati fuerant, et assumerent cultum veri Dei. Et dedit sumptus in edificia ecclesiarum, et erectae sunt duodecim ecclesiae in terra Rugianorum, et constituti sunt sacerdotes, qui gererent populi curam in his quae Dei sunt. Et affuerunt illic pontifices Absalon de Roschilde et Berno de Magnopoli. Hii adiuverunt manus regis cum omni diligentia, ut fundaretur cultus domus Dei nostri in natione prava atque perversa. Erat autem tunc temporis princeps Rugianorum vir nobilis Iaremarus, qui audita veri Dei cultura et fide catholica alacriter ad baptisma convolavit, precipiens omnibus suis etiam secum sacro baptismate renovari. Ipse vero factus Christianus tam in fide firmus quam in predicacione erat stabilis, ut secundum Paulum iam a Christo vocatum videres. Qui fungens vice apostoli gentem rudem et beluina rabie sevientem partim predicacione assidua, partim minis ab innata sibi feritate ad novae conversacionis religionem convertebat.

De omni enim natione Slavorum, quae dividitur in provincias et principatus, sola Rugianorum gens durior ceteris in tenebris infidelitatis usque ad nostra tempora perduravit, omnibus inaccessibilis propter maris circumiacentia. Tenuis autem fama commemorat Lodewicum Karoli filium olim terram Rugianorum obtulisse beato Vito in Corbeia, eo quod ipse fundator extiterit cenobii illius. Inde egressi predicatores gentem Rugianorum sive Ranorum ad fidem convertisse feruntur illicque oratorium fundasse in honore Viti martiris, cuius veneracioni provincia consignata est. Postmodum vero, ubi Rani, qui et Rugiani, mutatis rebus a luce veritatis aberrarunt, factus est error peior priore; nam sanctum Vitum, quem nos servum Dei confitemur, Rani pro deo colere ceperunt, fingentes ei simulachrum maximum, et servierunt creaturae pocius quam creatori. Adeo autem haec supersticio apud Ranos invaluit, ut Zuantevith deus terrae Rugianorum inter omnia numina Slavorum primatum obtinuerit, clarior in victoriis, efficacior in responsis. Unde etiam nostra adhuc etate non solum Wagirensis terra, sed et omnes Slavorum provinciae illuc tributa annuatim transmittebant, illum deum deorum esse profitentes. Rex apud eos modicae estimacionis est comparacione flaminis. Ille enim responsa perquirit et eventus sortium explorat. Ille ad nutum sortium, porro rex et populus ad illius nutum pendent.

Inter varia autem libamenta sacerdos nonnunquam hominem Christianum litare solebat, huiuscemodi cruore deos omnino delectari iactitans. Accidit ante paucos annos maximam institorum multitudinem eo convenisse piscacionis gratia. In Novembri enim flante vehementius vento multum illic allec capitur, et patet mercatoribus liber accessus, si tamen ante deo terrae legitima sua persolverint. Affuit tunc forte Godescalcus quidam sacerdos Domini de Bardewich invitatus, ut in tanta populorum frequentia ageret ea quae Dei sunt. Nec hoc latuit diu sacerdotem illum barbarum et accersitis rege et populo nuntiat irata vehementius numina nec aliter posse placari, nisi cruore sacerdotis, qui peregrinum inter eos sacrificium offerre presumpsisset Tunc barbara gens attonita convocat institorum cohortem rogatque sibi dari sacerdotem, ut offerat deo suo placabilem hostiam. Renitentibus Christianis centum marcas offerunt in munere. Sed cum nil proficerent, ceperunt intentare vim et crastina bellum indicere. Tunc institores onustis iam de captura navibus nocte illa iter aggressi sunt et secundis ventis vela credentes tam se quam sacerdotem atrocibus ademere periculis.

Quamvis autem odium Christiani nominis et supersticionum fomes plus omnibus Slavis apud Ranos invaluerit, pollebant tamen multis naturalibus bonis. Erat enim apud eos hospitalitatis plenitudo, et parentibus debitum exhibent honorem. Nec enim aliquis egens aut mendicus apud eos aliquando repertus est. Statim enim, ut aliquem inter eos aut debilem fecerit infirmitas aut decrepitum etas, heredis curae delegatur plena humanitate fovendus. Hospitalitatis enim gratia et parentum cura primum apud Slavos virtutis locum optinent. Ceterum Rugianorum terra ferax frugum, piscium atque ferarum. Urbs terrae illius principalis dicitur Archona.

Transmutacio corporis et sanguinis. Cap. CVIIII.

Anno igitur incarnati verbi M'C'LX'VIII' fundatum est opus novae plantacionis in terra Rugianorum, et edificatae sunt ecclesiae et presentia sacerdotum illustratae. Servieruntque regi Danorum sub tributo, et accepit filios nobilium obsides et abduxit eos secum in terram suam. Haec autem acta sunt tempore, quo Saxones civilia bella gerebant. Postquam autem Dominus pacem reddidit, confestim dux misit legatos ad regem Danorum requirens obsides et medietatem tributorum, quae solvunt Rani, eo quod laudatum et iuramento firmatum esset, ut, quascumque gentes rex Danorum expugnare voluisset, dux ferret auxilium et cum participacione laboris fieret etiam particeps emolumenti. Cumque rennueret rex, et nuntii redissent inacti, dux ira permotus vocavit principes Slavorum et mandavit, ut facerent ultionem de Danis. Vocati sunt et dixerunt: 'Assumus'. Et obaudierunt ei cum leticia qui misit illos. Et amoti sunt vectes et ostia, quibus iam pridem conclusum erat mare, et erumpebat vadens et inundans et intentans excidium multis Danorum insulis et regionibus maritimis. Et instauratae sunt predonum naves et occupaverunt in terra Danorum insulas opulentas. Et saturati sunt Slavi post diutinam inediam diviciis Danorum, incrassati, inquam, sunt, impinguati sunt, dilatati sunt. Audivi a referentibus, quod Mekelenburg die fori de captivitate Danorum septingentae numeratae sint animae, omnes venales, si suffecissent emptores.

Porro tanti excidii calamitatem ostenderant presagia quaedam. Sacerdos enim quidam in terra Danorum quae dicitur Alfse assistens sacro altari, cum sublevasset calicem sumpturus hostiam, ecce visa est in calice species carnis et sanguinis. Ille de timore tandem resumpto spiritu, non audens sumere insolitae visionis speciem, transiit ad pontificem, ibi in conventu cleri calicem videndum obtulit. Et cum multi dicerent id factum divinitus ad confirmandam plebis fidem, pontifex altiori sensu protestatus est gravem ecclesiae inminere tribulacionem et sanguinem Christiani populi multum fundendum. Quociens enim sanguis martirum effunditur, Christus denuo in membris suis crucifigitur. Nec prophetantis fefellere vaticinia. Vix enim preterierunt dies XIIIIcim, et superveniens exercitus Slavorum occupavit omnem terram illam, ecclesias subvertit et populum captivavit, omnem vero resistentem percussit in ore gladii.

Diu ergo siluit rex Danorum dissimulans gentis suae ruinas. Reges enim Danorum segnes et discincti et inter continuas epulas semper poti vix aliquando sentiunt percussuras plagarum. Tandem veluti sompno excitus rex Daniae congregavit exercitum et percussit partem modicam Circipanae regionis. Filius quoque regis ex concubina natus Christoforus nomine cum mille, ut aiunt, loricis venit Aldenburg, quae Danice dicitur Brandenhuse, et percusserunt maritima illius. Ecclesiam vero, cui deserviebat Bruno sacerdos, non leserunt nec attigerunt penitus bona sacerdotis. Recedentibus igitur Danis Slavi e vestigio prosecuti sunt et dampna sua ultione decupla compensaverunt. Dania enim maxima ex parte in insulas dispertita est, quas ambit mare circumfluum, nec facile caveri possunt insidiae piratarum, eo quod illic sint promunctoria latebris Slavorum aptissima, unde clam egredientes percutiunt de insidiis incautos; Slavi enim clandestinis incursibus maxime valent. Unde etiam recenti adhuc etate latrocinalis haec consuetudo adeo apud eos invaluit, ut omissis penitus agriculturae commodis ad navales excursus expeditas semper intenderint manus, unicam spem et diviciarum summam in navibus habentes sitam. Sed nec in construendis edificiis operosi sunt, quin pocius casas de virgultis contexunt, necessitati tantum consulentes adversus tempestates et pluvias. Quociens autem bellicus tumultus insonuerit, omnem annonam paleis excussam, aurum quoque et argentum et preciosa quaeque fossis abdunt, uxores et parvulos municionibus vel certe silvis contutant. Nec quicquam hostili patet direptioni nisi tuguria tantum, quorum amissionem facillimam iudicant. Danorum inpugnaciones pro nichilo ducunt, immo voluptuosum existimant manum cum eis conserere. Solus eis dux est formidini, qui protrivit robur Slavorum super omnes duces, qui fuerunt ante eum, plus multo quam ille nominatus Otto, et misit frenum in maxillas eorum et quo voluerit declinat eos. Loquitur pacem, et obtemperant; mandat bellum, et dicunt: 'Assumus'.

Reconciliacio regis Danorum et ducis. Capitulum CX.

Rex igitur Danorum perspecta calamitate gentis suae vidit tandem, quia bona est pax, et misit legatos ad fortissimum ducem rogans preberi sibi locum familiaris colloquii ad Egederam. Et venit dux ad expetitum placiti locum in nativitate sancti Iohannis baptistae. Et occurrit ei rex Danorum et exhibuit se pronum ad omnem voluntatem ducis. Et recognovit ei medietatem tributorum et obsidum, quae dederant Rani, et de erario fani equam portionem, et ad singula, quae dux iudicavit exigenda, devote paruit rex. Et renovatae sunt inter eos amiciciae, et inhibiti sunt Slavi, ne de cetero inpugnarent Daniam. Et facti sunt vultus Slavorum subtristes propter confederacionem principum. Et misit dux nuntios suos cum nuntiis regis in terram Ranorum, et servierunt ei sub tributo Rani. Et rogavit rex Danorum ducem, ut filiam suam, viduam Fretherici nobilissimi principis de

Rodenburg, daret filio suo, qui iam designatus erat rex, in uxorem. Interventu itaque magnorum principum consensit dux et misit filiam suam in regnum Danorum; et facta est leticia magna omnibus populis borealium nationum, iocunditas et pax simul orta est. Et mutatum est gelidum illud frigus aquilonis in lenes austri flatus, et cessavit maris vexacio, et detumuerunt procellae tempestatum. Et pacata est via transeuntibus a Dania in Slaviam [et e converso], et ambulaverunt mulieres et parvuli per eam, eo quod submota sint offendicula, et defecerint predones in via. Omnis enim Slavorum regio incipiens ab Egdora, qui est limes regni Danorum, et extenditur inter mare Balthicum et Albiam per longissimos tractus usque Zuerin, olim insidiis horrida et pene deserta, nunc dante Deo tota redacta est veluti in unam Saxonum coloniam, et instruuntur illic civitates et oppida, et multiplicantur ecclesiae et numerus ministrorum Christi. Pribizlavus quoque, deposita diuturnae rebellionis obstinacia, sciens, quia non expedit sibi calcitrare adversus stimulum, sedit quietus et contentus funiculo portionis sibi permissae et edificavit urbes Mekelenburg, Ylowe et Rozstoc et collocavit in terminis eorum Slavorum populos. Et quia Slavorum latrones inquietabant Teutonicos, qui habitabant Zuerin et in terminis eius, Guncelinus prefectus castri, vir fortis et satelles ducis, mandavit suis, ut, quoscumque Slavorum invenissent incedentes per avia, quibus non esset evidens ratio, captos statim suspendio necarent. Et cohibiti sunt utcumque Slavi a furtis et a latrociniis suis.

CCVII

www.arepo.biz

LIBRI LATINI

Puer Zingiberi Panis et Fabulae Alterae
Fabulae Faciles
Insula Thesauraria
De Expugnatione Terrae Sanctae per Saladinum Libellus
Historia Apollonii Regis Tyrii
Historia Regni Henrici Septimi Regis Angliae
Iter Subterraneum
Liber Kalilae et Dimnae
Rebilii Crusonis Annalium
Gesta Romanorum

ENGLISH BOOKS

Envocation to Priapus
The Life of Apollonius of Tyana
The Pneumatics of Heron of Alexandria
Chinese Sketches
The Broken Road
The Drum
The Yellow God
Romance of Lust
Queen Sheba's Ring
The Summons
Nada the Lily

www.arepo.biz